VOIR LA TERRE

Les forêts du monde

GÉRARD BLONDEAU

EDITIONS FLEURUS

GEO Ado

Éditions Fleurus, 15-27, rue Moussorgski, 75018 Paris

Texte : Gérard Blondeau
Rédaction en chef de Géo Ado : Isabelle Bouillot
Direction du développement des Éditions Géo Ado :
Dominique Fleurmont et Pierre-Olivier Bonfillon
Conception graphique de la collection : Studio Bosson
Packaging éditorial et graphique : Sarbacane, Geneviève Munier, Pascaline Charrier
Contribution rédactionnelle : Marianne Magnier-Ripert

Film *À l'ombre des séquoias géants* : 1999 Earthviews
Prémastering : DVD Maker

Direction éditoriale : Christophe Savouré
Direction du développement : Nicolas Ragonneau
Direction artistique : Laurent Quellet et Isabelle Mayer
Édition : Elodie Lépine
Fabrication : Thierry Dubus et Florence Bellot

Tous nos remerciements à Delphine Pascarellie et Émilie Lesage pour leur précieuse lecture.

Dépôt légal : octobre 2004
ISBN : 2 215 05283 X
N° d'édition : 93609
1re édition

Photogravure : Dupont
Achevé d'imprimer sur les presses de l'imprimerie Proost (Belgique)
Loi n° 49-956 du 16 juillet 1949 sur les publications destinées à la jeunesse.

Petit mode d'emploi...

Un **texte introductif** ouvre la double page sur le thème abordé.

Des **photos** et des **dessins** illustrent les différents aspects de la forêt.

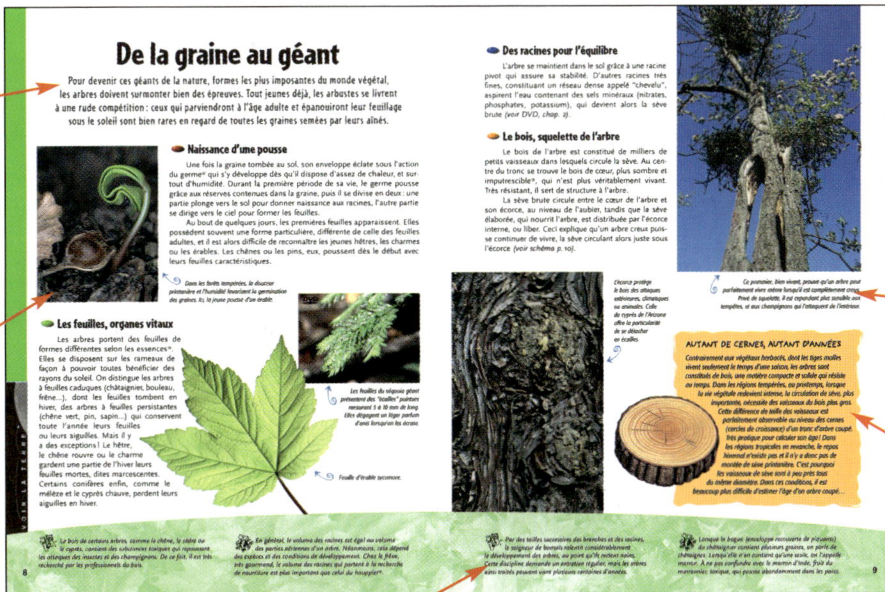

Des **légendes** permettent de replacer les documents dans leur contexte.

Des **encadrés** proposent un éclairage particulier sur un thème précis.

Une **frise**, déroulée sur l'ensemble du livre, apporte des informations anecdotiques en rapport avec la double page.

Les photos portant le logo DVD sont extraites du DVD *À l'ombre des séquoias géants*.

L'astérisque (*) signale les mots expliqués dans le **lexique** lors de leur première apparition sur une double page.

Les **pictogrammes** de la frise aident à identifier la nature de l'information :

- ***Phénomènes naturels***
- ***Sciences et techniques***
- ***Chiffres et records***
- ***Hommes et peuples***
- ***Faune et flore***
- ***Culture***
- ***Protection de la nature***

Sommaire

La forêt, milieu vivant

Depuis toujours, la forêt fascine et effraie les hommes, leur servant de refuge mais abritant aussi brigands et animaux sauvages. Vaste étendue peuplée d'arbres, elle est aujourd'hui un espace de découverte et de loisirs dont l'équilibre, toujours fragile, doit être préservé.

La formation d'un écosystème

Selon un processus très lent, qui s'étale sur des milliers d'années, les milieux et les plantes qui les occupent se transforment. Ainsi, une étendue d'eau peut petit à petit s'envaser*. De nouveaux végétaux s'y installent, la transformant progressivement en prairie, bientôt colonisée à son tour par des buissons qui deviendront des arbres. Ce milieu évolue ensuite jusqu'à atteindre un stade d'équilibre. Dans de nombreuses régions, c'est la forêt qui représente l'aboutissement de ce long processus *(voir DVD, chap. 2 et 8)*.

Un espace vert indispensable

Les forêts (tempérées, boréales, tropicales...) résultent d'une adaptation aux différents milieux et climats de notre planète. La forêt tropicale, par exemple, compte davantage d'espèces végétales et ses strates sont plus nombreuses et plus riches que dans les autres types de forêts.

Productrices de matières premières, les forêts jouent un rôle essentiel dans la purification de l'air et la stabilisation des sols. Ensembles riches et complexes d'êtres vivants (animaux, végétaux, bactéries...), elles sont des écosystèmes* fragiles. Un changement climatique ou l'intervention de l'homme peuvent provoquer des réactions en chaîne sur l'ensemble du milieu.

Une forêt en automne au Québec (Canada).

LES DIFFÉRENTES STRATES

Pour mieux étudier la forêt, on l'a divisée en plusieurs étages, ou strates principales : ❶ strate muscinale (mousses et lichens), ❷ strate herbacée (herbes et plantes), ❸ strate arbustive (jeunes arbres et arbustes), ❹ strate arborescente (partie supérieure des arbres, dont le sommet est appelé canopée), et enfin, ❺ strate des arbres émergeants.

L'arbre le plus volumineux du monde est un séquoia américain de Californie dénommé le "général Sherman", dont l'âge est estimé à 2700 ans. Il mesure 83 m de hauteur, son tronc 31 m de circonférence, et il pèse 2000 tonnes !

Pour rencontrer le plus vieil arbre du monde, il faut traverser le désert de la Vallée de la Mort et grimper à 2500 m d'altitude dans les montagnes Blanches, en Californie orientale. Cet arbre est un pin appelé Mathusalem, vieux de 4600 ans, que l'on croirait mort si de petites branches vertes ne venaient signaler encore un peu de vie.

Les forêts couvrent près d'un quart des terres émergées de notre planète. Mais les arbres ont besoin de chaleur et d'humidité pour se développer. C'est pourquoi ils ne peuvent pas pousser dans les régions désertiques (trop sèches), ni dans les lieux trop froids (hautes montagnes, zones polaires...).

C'est un séquoia américain toujours vert (Sequoia sempervirens) *qui détient le record du monde de l'arbre le plus haut. Âgé d'environ 500 ans, il approche les 112 m de hauteur.*

De la graine au géant

Pour devenir ces géants de la nature, formes les plus imposantes du monde végétal, les arbres doivent surmonter bien des épreuves. Tout jeunes déjà, les arbustes se livrent à une rude compétition : ceux qui parviendront à l'âge adulte et épanouiront leur feuillage sous le soleil sont bien rares en regard de toutes les graines semées par leurs aînés.

Naissance d'une pousse

Une fois la graine tombée au sol, son enveloppe éclate sous l'action du germe* qui s'y développe dès qu'il dispose d'assez de chaleur, et surtout d'humidité. Durant la première période de sa vie, le germe pousse grâce aux réserves contenues dans la graine, puis il se divise en deux : une partie plonge vers le sol pour donner naissance aux racines, l'autre partie se dirige vers le ciel pour former les feuilles.

Au bout de quelques jours, les premières feuilles apparaissent. Elles possèdent souvent une forme particulière, différente de celle des feuilles adultes, et il est alors difficile de reconnaître les jeunes hêtres, les charmes ou les érables. Les chênes ou les pins, eux, poussent dès le début avec leurs feuilles caractéristiques.

Dans les forêts tempérées, la douceur printanière et l'humidité favorisent la germination des graines. Ici, la jeune pousse d'un érable.

Les feuilles du séquoia géant présentent des "écailles" pointues mesurant 5 à 10 mm de long. Elles dégagent un léger parfum d'anis lorsqu'on les écrase.

Les feuilles, organes vitaux

Les arbres portent des feuilles de formes différentes selon les essences*. Elles se disposent sur les rameaux de façon à pouvoir toutes bénéficier des rayons du soleil. On distingue les arbres à feuilles caduques (châtaignier, bouleau, frêne...), dont les feuilles tombent en hiver, des arbres à feuilles persistantes (chêne vert, pin, sapin...) qui conservent toute l'année leurs feuilles ou leurs aiguilles. Mais il y a des exceptions ! Le hêtre, le chêne rouvre ou le charme gardent une partie de l'hiver leurs feuilles mortes, dites marcescentes. Certains conifères enfin, comme le mélèze et le cyprès chauve, perdent leurs aiguilles en hiver.

Feuille d'érable sycomore.

Le bois de certains arbres, comme le chêne, le cèdre ou le cyprès, contient des substances toxiques qui repoussent les attaques des insectes et des champignons. De ce fait, il est très recherché par les professionnels du bois.

En général, le volume des racines est égal au volume des parties aériennes d'un arbre. Néanmoins, cela dépend des espèces et des conditions de développement. Chez le frêne, très gourmand, le volume des racines qui partent à la recherche de nourriture est plus important que celui du houppier.*

Des racines pour l'équilibre

L'arbre se maintient dans le sol grâce à une racine pivot qui assure sa stabilité. D'autres racines très fines, constituant un réseau dense appelé "chevelu", aspirent l'eau contenant des sels minéraux (nitrates, phosphates, potassium), qui devient alors la sève brute *(voir DVD, chap. 2)*.

Le bois, squelette de l'arbre

Le bois de l'arbre est constitué de milliers de petits vaisseaux dans lesquels circule la sève. Au centre du tronc se trouve le bois de cœur, plus sombre et imputrescible*, qui n'est plus véritablement vivant. Très résistant, il sert de structure à l'arbre.

La sève brute circule entre le cœur de l'arbre et son écorce, au niveau de l'aubier, tandis que la sève élaborée, qui nourrit l'arbre, est distribuée par l'écorce interne, ou liber. Ceci explique qu'un arbre creux puisse continuer de vivre, la sève circulant alors juste sous l'écorce *(voir schéma p. 10)*.

Ce pommier, bien vivant, prouve qu'un arbre peut parfaitement vivre même lorsqu'il est complètement creux. Privé de squelette, il est cependant plus sensible aux tempêtes, et aux champignons qui l'attaquent de l'intérieur.

L'écorce protège le bois des attaques extérieures, climatiques ou animales. Celle du cyprès de l'Arizona offre la particularité de se détacher en écailles.

AUTANT DE CERNES, AUTANT D'ANNÉES

Contrairement aux végétaux herbacés, dont les tiges molles vivent seulement le temps d'une saison, les arbres sont constitués de bois, une matière compacte et solide qui résiste au temps. Dans les régions tempérées, au printemps, lorsque la vie végétale redevient intense, la circulation de sève, plus importante, nécessite des vaisseaux du bois plus gros. Cette différence de taille des vaisseaux est parfaitement observable au niveau des cernes (cercles de croissance) d'un tronc d'arbre coupé. Très pratique pour calculer son âge ! Dans les régions tropicales en revanche, le repos hivernal n'existe pas et il n'y a donc pas de montée de sève printanière. C'est pourquoi les vaisseaux de sève sont à peu près tous du même diamètre. Dans ces conditions, il est beaucoup plus difficile d'estimer l'âge d'un arbre coupé…

Par des tailles successives des branches et des racines, le soigneur de bonsaïs ralentit considérablement le développement des arbres, au point qu'ils restent nains. Cette discipline demande un entretien régulier, mais les arbres ainsi traités peuvent vivre plusieurs centaines d'années.

Lorsque la bogue (enveloppe recouverte de piquants) du châtaignier contient plusieurs graines, on parle de châtaignes. Lorsqu'elle n'en contient qu'une seule, on l'appelle marron. À ne pas confondre avec le marron d'Inde, fruit du marronnier, toxique, qui pousse abondamment dans les parcs.

Le cycle de la vie

Les animaux respirent et vivent grâce à l'oxygène présent dans l'air, dont une bonne partie est rejetée par les plantes. L'arbre est pour cette raison indispensable à l'équilibre de l'écosystème* de notre planète. De ses racines à ses plus hautes branches, il est le siège d'une activité bouillonnante.

Une véritable usine

L'arbre se comporte comme une pompe qui conduit vers les feuilles l'eau et les sels minéraux (sève brute) captés dans le sol par les racines. Au sommet de l'arbre, les feuilles transpirent et rejettent de l'eau en abondance, créant ainsi un "courant", à la façon d'un appel d'air. Ce phénomène favorise la montée de la sève brute dans les vaisseaux très fins de l'aubier *(voir dessins)*.

La sève brute va ensuite être transformée en sève élaborée (ou sucrée) au niveau des feuilles, qui fonctionnent comme autant de petites usines chimiques grâce à l'énergie du soleil et à un remarquable produit: la chlorophylle. Ce pigment vert permet de couper en deux les molécules de gaz carbonique présentes dans l'air ambiant. Les feuilles conservent le carbone qui, mélangé à l'eau, donne des sucres (ou glucides) indispensables à l'arbre, et elles rejettent l'oxygène dans l'atmosphère. C'est ce que l'on appelle la fonction chlorophyllienne, ou photosynthèse *(voir schéma en page de droite)*.

Une fois pourvue de sucres, la sève élaborée redescend en circulant, cette fois, juste sous l'écorce, au niveau du liber. Elle va nourrir les différentes parties de l'arbre, notamment les cellules productrices de bois situées au niveau du cambium. Ce sont ces cellules qui, des racines aux bourgeons terminaux en passant par l'écorce du tronc, permettent à l'arbre de grandir. C'est pourquoi il ne faut surtout pas entailler son écorce.

Besoin de respirer

Comme tout être vivant, l'arbre possède un système respiratoire. Il absorbe de l'oxygène et rejette du gaz carbonique. Cependant, cette action est infime par rapport à la fonction chlorophyllienne qui rejette de l'oxygène en abondance pendant la journée. Le rejet de gaz carbonique se ressent surtout la nuit quand, faute de lumière, la fonction chlorophyllienne est inactive.

Au niveau des feuilles, les échanges gazeux s'effectuent par les stomates, des petites ouvertures situées sur leur face inférieure. Une circulation d'air complémentaire a également lieu à travers l'écorce par de petits orifices appelés lenticelles, bien visibles sur certains arbres à écorce lisse comme les aulnes. Les racines ont elles aussi besoin d'oxygène. Si le sol est trop tassé, elles s'asphyxient et meurent. C'est pour cette raison que, dans les zones inondées, l'arbre émet des racines aériennes pour respirer *(voir p. 56-57)*.

Un arbre pousse toute sa vie, du moins en largeur. Mais son développement en hauteur est nul à partir d'un certain âge. On peut même voir des arbres rapetisser à la fin de leur existence, lorsqu'ils se mettent à perdre de nombreuses branches.

Les seringueiros, ouvriers brésiliens qui entaillent les troncs des hévéas dans la forêt amazonienne pour récupérer le latex (d'où est issu le caoutchouc), doivent agir avec précaution pour ne pas trop fatiguer l'arbre. La taille s'opère en spirale et ne fait pas le tour du tronc, pour permettre à la sève de continuer à circuler.

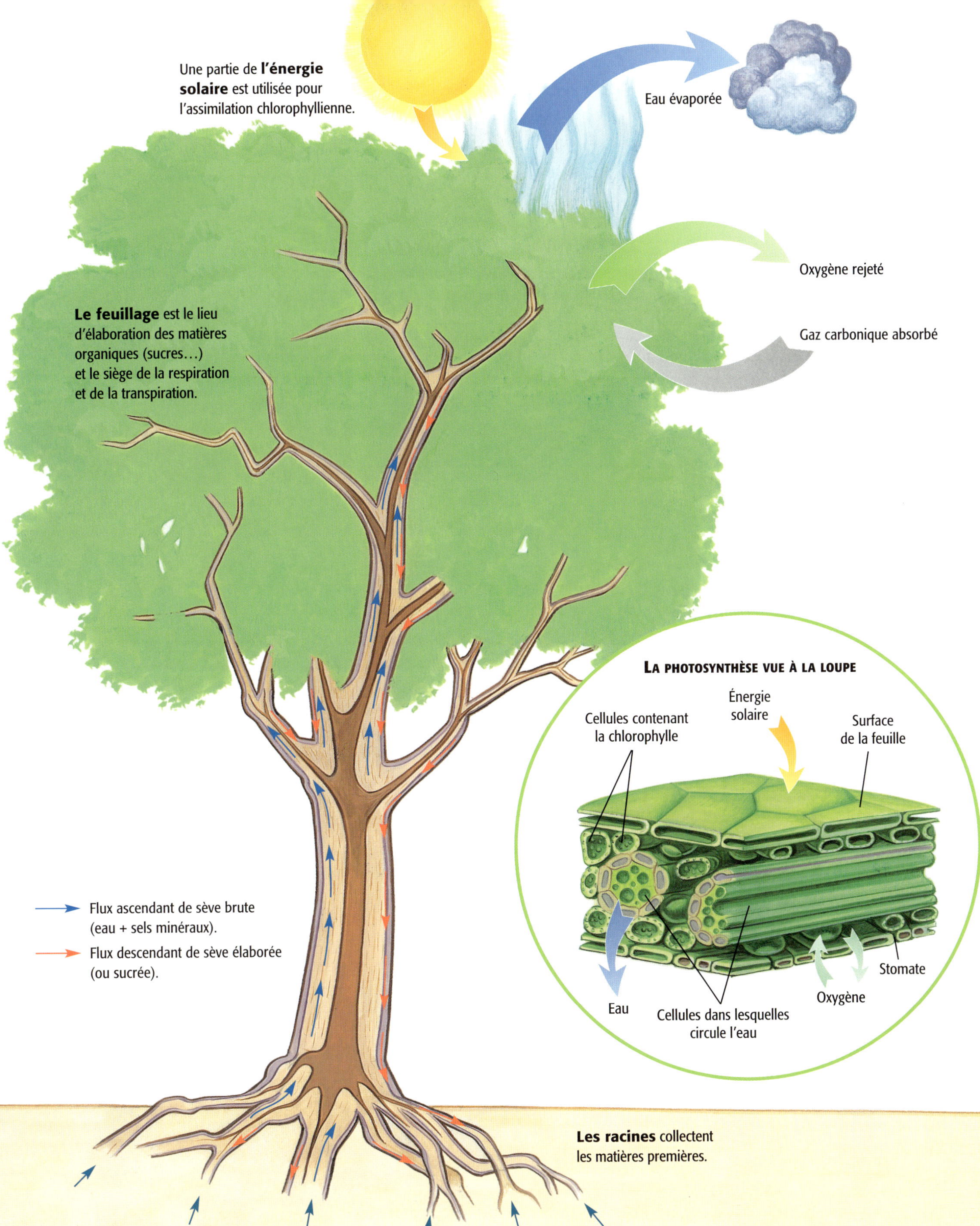

Au cours d'une belle journée d'été, l'eau peut monter dans les vaisseaux de l'aubier à la vitesse de 40 m par heure. Une performance très utile quand on sait que certains arbres, comme les séquoias américains ou certains pins australiens, mesurent plus de 100 m de hauteur.

Quand il produit trop de sève élaborée, l'arbre se constitue des réserves sous forme d'amidon. Elles lui servent pendant les périodes de sécheresse ou pour élaborer des produits défensifs en cas d'attaque de parasites.

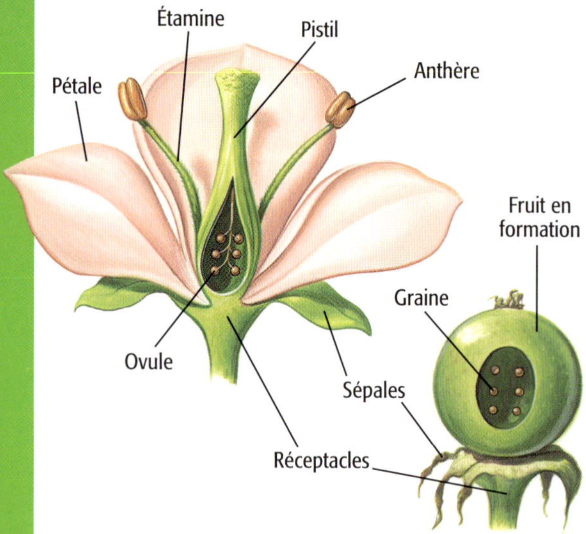

Les pollinisateurs

Pour se déplacer, les grains de pollen ont recours à toutes sortes d'astuces. Dans les pays froids, le vent est leur principal moyen de transport ; dans les régions tempérées, les insectes prennent le relais tandis que, dans les régions tropicales, la production est si importante qu'oiseaux et mammifères ne sont pas de trop pour participer !

Le souffle d'Éole

Pour devenir des graines, les ovules (cellules femelles des plantes) doivent être fécondés* par le pollen (cellules mâles) : c'est le principe de la pollinisation. Les fleurs mâles et femelles peuvent être portées par un même arbre ou pousser sur deux pieds distincts. De nombreux arbres (les conifères et certains feuillus tels que le chêne, le charme, le bouleau, ou l'aulne) sont simplement pollinisés par le vent. Leurs fleurs mâles, ou étamines, regroupées en châtons, sèment leurs grains de pollen au gré des vents. Plus discrètes, les fleurs femelles se réduisent souvent à quelques filaments rougeâtres sur lesquels viennent se coller les grains de pollen.

Fleurs mâles et femelles du noisetier.

Une vraie complicité

Confier son pollen au vent est risqué et demande la production d'énormes quantités pour compenser les pertes. Grâce à la complicité des insectes, les plantes limitent ces pertes, même si ces transporteurs en mangent une partie au passage ! Les hyménoptères*, qui nourrissent leurs larves de pollen, sont les insectes les plus adaptés à la récolte et au transport de ce précieux produit énergétique. Les tibias des pattes postérieures des bourdons et des abeilles sont élargis et creusés en forme de corbeille. Sur chacune de ces pattes, une brosse leur permet de récolter les grains de pollen collés sur leur toison, qu'ils tassent ensuite dans la corbeille de l'autre patte arrière – tout ça en vol.

Les premiers insectes primitifs comme les coléoptères* disposaient de grossières mandibules* pour broyer l'ensemble des pièces florales. Ces mandibules se sont affinées pour prendre la forme d'une trompe, notamment chez les mouches et chez les papillons, en particulier dans la famille des sphinx. Cet organe leur permet d'aspirer le nectar, un liquide sucré distillé par les fleurs, sans se poser sur ces dernières. Un gain de temps appréciable !

Pour butiner en vol, le sphinx du liseron déroule une trompe longue de 10 cm jusqu'au fond des corolles.

La morphologie des fleurs est souvent complémentaire de celle des abeilles. Ainsi les étamines des fleurs de sauge, par exemple, basculent sur le dos de l'abeille qui pénètre dans la fleur pour y déposer du pollen.

Orchidée du Nouveau Monde, le vanillier fut introduit dans de nombreux pays sans l'abeille qui fécondait sa fleur. De ce fait, elle ne produisait pas de gousse. Un jeune planteur trouva le moyen de féconder manuellement la plante et, depuis, la vanille est récoltée ailleurs qu'en Amérique.

Les astuces des fleurs

Les fleurs cherchent à attirer les insectes en se parant de corolles colorées, en émettant des odeurs et en distillant du nectar. Elles doivent alors être en mesure de les accueillir ! Ainsi les fleurs du lilas, trop petites pour recevoir des insectes aussi lourds que les cétoines, se regroupent pour être capables de supporter leur poids. Les petites fleurs en forme de tube de l'arbre à papillon (ou buddleia), elles, sont adaptées à la trompe des papillons.

Les orchidées, telle cette ophrys mouche, sont les fleurs les plus sophistiquées du monde végétal. Les plus remarquables copient non seulement la forme de la mouche, mais aussi l'odeur de sa femelle. De ce fait, l'insecte mâle croit s'accoupler avec sa partenaire habituelle alors qu'il féconde l'orchidée.

Contrairement à ce que son nom indique, la souris à miel n'est pas un rongeur mais un marsupial, parfaitement adapté à la récolte du nectar.*

Le rôle des oiseaux et des mammifères

Dans les pays tropicaux, les fleurs des arbres sont beaucoup plus grandes que dans les pays tempérés, et la production de nectar plus abondante. Les animaux dits "supérieurs", de taille plus importante que les insectes, sont donc nécessaires pour assurer la pollinisation. Quelques familles d'oiseaux sont spécialisées dans ce domaine. En Afrique et en Asie, les fleurs sont fréquentées par les souimangas, sortes de colibris qui consomment également de menus insectes et des araignées. Les petits colibris d'Amérique sont bien connus pour leur faculté à voler et à butiner en faisant du surplace. En Afrique du Sud, le *Sugar Bird* est un oiseau endémique* spécialisé dans la pollinisation des protées*, en particulier l'énorme fleur de protée royale dont la taille dépasse celle d'une assiette. La nuit, les chauves-souris nectarivores prennent le relais. Elles sont particulièrement attirées par les grandes fleurs pendantes du baobab. En Australie, les souris à miel fréquentent elles aussi les grandes fleurs des protées.

La mante tropicale d'Asie du Sud-Est est un insecte astucieux. Pour mieux capturer les insectes dont elle se nourrit, elle prend la forme d'une fleur et émet une odeur qui attire les pollinisateurs. Croyant trouver une fleur succulente, ceux-ci succombent entre ses pattes.

Les guêpes ne fabriquent pas de miel : elles fréquentent les fleurs pour manger un peu de matières sucrées et surtout pour capturer différents insectes qu'elles "réduisent en bouillie" afin de nourrir leurs larves.

Les arbres à la conquête du monde

Si les arbres ne peuvent se déplacer, leurs fruits sont en revanche de remarquables voyageurs. Quels moyens utilisent-ils donc pour réussir à coloniser de nouveaux territoires ?

Les samares des érables sont bien connues des enfants sous le nom "d'hélicoptères".

Des fruits dans le vent

Les fruits secs des érables, des charmes, des tilleuls ou des frênes possèdent des "ailes" qui leur permettent de tournoyer dans le vent. Quant aux fruits des saules, des peupliers, des ouatiers exotiques, ils sont dotés d'une bourre (amas de poils) très fine, qui profite de la moindre brise pour transporter par les airs leurs graines minuscules.

UNE VÉGÉTATION VENUE DE LOIN

Les îles volcaniques de l'archipel d'Hawaii n'ont jamais été rattachées à la terre et sont situées à environ 5 000 km de la moindre côte. Toutes les plantes qui y vivent ont donc été "importées". Or des études ont démontré que 95 % d'entre elles sont arrivées là par une voie naturelle, notamment par la mer (23 %), par le vent (14 %), par les oiseaux marins (13 %) et par les oiseaux migrateurs faisant escale (39 %). Seules 5 % des plantes ont été introduites par les hommes.

Au fil de l'eau

Les arbres qui poussent au bord de l'eau profitent des courants pour faire voyager leurs graines. Dans les régions tropicales, le cocotier a colonisé la plupart des îles car l'enveloppe fibreuse qui entoure sa noix permet à celle-ci de flotter sur de très longues distances. En Europe, l'aulne pousse près des cours d'eau. Ses fruits, les strobiles, ressemblent à de petites pommes de pin et abritent sous leurs écailles de minuscules graines flottantes.

Transportées par les courants, les graines de l'aulne germent au hasard des plages où elles s'échouent.

Avec sa forme suggestive, la plus grosse noix de coco du monde ne pouvait qu'être surnommée "coco fesse". Cette géante incapable de flotter n'a jamais pu quitter l'île des Seychelles où elle est née.

Le fruit de la clématite, une plante grimpante, est surmonté d'une crête duveteuse dont les longs filaments plumeux sont facilement emportés par le vent. Si sa graine germe au pied d'un arbre, la jeune liane partira à l'assaut de sa cime.

Un arbre tropical, le ouatier, possède une gousse remplie de graines duveteuses dont la bourre est utilisée pour rembourrer coussins et oreillers. En Polynésie, on raconte qu'un groupe d'ouatiers proviendrait d'un oreiller abandonné par le navigateur solitaire Bernard Moitessier.

Voyager avec les animaux

Beaucoup de fruits sont vivement colorés pour attirer les animaux qui s'en nourrissent, notamment les oiseaux. Bien souvent, chair et pépins sont avalés ensemble, puis rejetés dans les excréments, donnant naissance à des pousses dans des endroits inattendus (gouttières de bâtiments, fissures des murs ou cavités d'autres arbres). Le parcours dans l'intestin de l'oiseau ne dégrade pas la graine. Au contraire, il la prépare à germer en ramollissant son enveloppe.

Les animaux friands de fruits les consomment sur place ou les transportent plus loin, soit pour manger tranquillement, soit pour se constituer des provisions pour l'hiver. Ils peuvent en perdre en route ou les oublier dans leurs cachettes, où les graines germeront. Des oiseaux tels que le geai des chênes et le casse-noix moucheté ainsi que l'écureuil sont des spécialistes de ces cachettes secrètes.

D'autres fruits, beaucoup plus petits ceux-là, s'accrochent facilement à la fourrure des animaux. Tel est le cas de la faine du hêtre, hérissée de piquants. Dans l'océan Indien, c'est en se collant sur les plumes des oiseaux que les graines de l'arbre du Pisonia voyagent d'île en île.

La faine du hêtre contient une petite amande triangulaire dont on peut extraire de l'huile.

Apportée par un oiseau, une graine a réussi à germer au creux d'un séquoia américain, à 60 m du sol. Mieux vaut pour elle de ne pas avoir le vertige !

Une grive musicienne se régale de baies de lierre en plein hiver.

UNE HISTOIRE QUI FINIT BIEN

Sur l'île Maurice, le tambalacoque est devenu un arbre en voie d'extinction suite à la disparition du dodo, une espèce de dindon sauvage décimée par les hommes. Celui-ci mangeait ses fruits et favorisait ainsi la germination des graines. Le dodo ayant disparu, les graines à l'enveloppe trop dure ne germaient plus. L'arbre ne dut sa survie qu'à un écologiste américain, Stanley Temple, qui donna des graines à des dindons et put de nouveau en faire germer quelques-unes.

Une liane africaine (Entada gigas), *qui pousse près des ruisseaux, porte le plus long fruit du monde : une gousse pouvant mesurer 1,50 m de longueur. La découverte de ses graines plates, de 5 cm de diamètre, est considérée comme un signe de chance. En effet, elles sont en forme de cœur...*

En Amazonie et en Malaisie, les inondations sont d'une telle ampleur que l'eau peut monter jusqu'à une dizaine de mètres dans la forêt. En zone côtière, certains arbres en profitent pour disperser leurs graines qui, cette fois, ne seront pas entraînées par des oiseaux mais par des poissons.

Les phytophages

L'impressionnante masse végétale produite par les arbres attire de nombreux animaux qui broient le bois, piquent les tiges, tranchent ou cousent les feuilles pour mieux les consommer. Des racines au feuillage en passant par le cœur du bois, tout est dévoré plus ou moins délicatement par ces parasites, que l'arbre contrôle tant qu'il est en bonne santé.

La larve de la cigale de l'orne, qui commence ici à se colorer, va bientôt émerger de sa galerie.

Dans l'obscurité des racines

Avant de devenir des adultes ailés avides de lumière, de nombreux insectes mènent une vie cachée durant laquelle ils se nourrissent des parties souterraines des plantes. Ainsi, le ver blanc du hanneton passe quatre ans sous la terre à manger des petites racines à l'aide de ses mandibules* coupantes. La larve de la cigale, elle, suce la sève des racines grâce à un rostre*. Elle vit sous terre pendant de longs mois, voire des années – dix-sept ans pour une espèce américaine qui détient le record mondial de durée de vie des insectes ! Quand le moment est venu de sortir à l'air libre pour se transformer en cigale adulte, elle creuse une galerie vers la surface, à la manière des taupes. Si la terre est trop dure, elle la ramollit avec son urine.

Les larves des scolytes ayant creusé le bois au niveau du cambium, de remarquables dessins apparaissent à la fois côté aubier et côté écorce.

Juste sous l'écorce

Malgré sa dureté, le bois est un aliment important pour de nombreuses espèces d'insectes, et l'écorce qui le protège ne constitue pas toujours une barrière suffisante face à leur remarquable appétit ! Le scolyte, par exemple, est un petit coléoptère* qui a l'étonnante faculté de percevoir les signes de faiblesse des arbres malades. Guidée par l'odeur, la femelle tente de pénétrer sous l'écorce, où elle fore une galerie centrale et pond une série d'œufs de chaque côté. Si l'arbre est encore vigoureux, il réagit en émettant de la sève toxique ou de la résine. S'il est trop faible, il se laisse rapidement envahir car la femelle envoie à son tour des signaux odorants à ses semblables qui accourent à tire-d'aile ! En outre, les scolytes parsèment leurs galeries de champignons, dont le mycélium* bouche les canaux de sève de l'arbre. Ces actions se déroulant au niveau du cambium, partie vitale pour l'arbre *(voir p. 10)*, de nombreux ormes finissent par succomber aux attaques de scolytes.

Les termites craignent la lumière. C'est la raison pour laquelle, lorsqu'ils sortent de leur nid pour aller manger l'écorce d'un arbre, ils construisent des petits tunnels sous la terre afin de pouvoir y circuler à l'abri du soleil.

Les sculpteurs sur bois utilisent de préférence le bois de tilleul, car il a la particularité d'être facile à travailler et de ne pas se fendre. Les fibres de son écorce servent en outre à fabriquer des cordages très résistants et ses fleurs, une fois séchées, permettent de faire des tisanes aux vertus calmantes.

En plein cœur du bois

L'aubier est apprécié par de nombreux coléoptères, dont la répartition des espèces varie à la fois en fonction des régions et de l'essence*, de la dureté et de l'âge du bois. La larve de la saperde s'attaque au bois vert, celle du grand capricorne au bois dur d'un arbre affaibli, celle du lucane au bois mort et celle de la chevrette au bois à moitié décomposé par les champignons. Les chenilles de certains papillons, comme celles des cossus et des sésies, se nourrissent elles aussi du bois, dans lequel elles forent de profondes galeries. Les essences tendres, comme le tilleul, le saule ou le peuplier, remportent leur préférence.

À l'état de larve, le bupreste du chêne se nourrit de branches de taille moyenne. En grossissant, la larve occupe tout l'espace, puis se transforme en nymphe, qui finit par faire mourir l'extrémité de la branche sur laquelle elle vivait, privée de sève.*

La saperde adulte consomme des feuilles de peuplier, tandis que ses larves se nourrissent de bois.

La chenille du cossus, qui peut atteindre 10 cm de long, émet une odeur de vinaigre. Cela permet de détecter facilement ses galeries !

En distillant le bois de hêtre, on obtient une sorte de goudron très odorant. Le dentiste l'emploie pour des soins dentaires (d'où l'odeur caractéristique de son cabinet) et l'entomologiste le place dans des boîtes d'insectes pour repousser les parasites.

Si le bois est consommé par de nombreux insectes, celui du cèdre possède des propriétés répulsives. Il est pour cela souvent placé dans les armoires à linge, sous forme de petites rondelles, afin de dissuader les mites de grignoter nos lainages...

Ces larves de tenthrèdes (des hyménoptères*) dévorent goulûment une feuille d'aulne, avant de passer à la suivante.

Grignoter les feuilles nature

Le feuillage est la partie la plus consommée des arbres. De nombreux animaux de tailles et de familles différentes s'y succèdent pour dévorer de diverses manières cette masse végétale sans cesse renouvelée.

Certains gros herbivores terrestres ont parfois adopté une physionomie particulière pour mieux accéder aux feuilles des grands arbres : la girafe et la gazelle-girafe (aussi appelée gérénuk) ont ainsi un cou allongé. L'éléphant, lui, ne s'embarrasse guère : s'il n'arrive pas à atteindre les feuilles, il abat tout simplement l'arbre ! Il est donc important qu'il dispose d'un vaste territoire afin que la végétation ait le temps de repousser entre le passage de deux troupeaux... Habiles grimpeurs, les singes sont étroitement liés aux arbres : colobes africains, entelles et macaques d'Asie, atèles d'Amérique du Sud (dits aussi singes-araignés) se nourrissent principalement de feuilles et de fruits, tout en se laissant parfois tenter par quelques insectes. On notera que certains mammifères ne mangent qu'un seul type de plante ; c'est le cas des pandas de Chine ou des koalas d'Australie. Les premiers ne consomment que le bambou, et les autres l'eucalyptus. Enfin, de nombreuses espèces d'insectes aux mandibules* coupantes (sauterelles, chenilles, phasmes...) consomment, elles aussi, une masse importante de feuillage. Elles prennent le plus souvent la forme des végétaux, ce qui rend leur découverte très difficile.

VICTIMES DE LEUR GOURMANDISE

Les cervidés (cerfs, chevreuils, daims, rennes…) s'attaquent surtout aux jeunes arbres, dont les tiges tendres sont à leur portée. Ainsi les daims coupent l'écorce et l'arrachent, ce qui cause parfois à l'arbre d'irrémédiables dommages. Si le nombre de cervidés est trop important et si leurs prédateurs naturels disparaissent, la forêt risque de dépérir. Il faut alors établir un plan de chasse ou de capture pour réguler les populations d'herbivores en surnombre.

Animaux plutôt terrestres, les macaques grimpent cependant régulièrement aux arbres pour y consommer des fruits, voire des oisillons et des lézards.

Depuis la plus haute Antiquité, les feuilles de thé sont préparées de toutes sortes de façons pour produire du thé vert, du thé noir (feuilles fermentées), du thé aromatisé ou fumé… Cette boisson stimule la digestion, mais son abus excite le système nerveux et peut provoquer l'insomnie.

Les animaux ne sont pas seuls à apprécier les fleurs des arbres. L'infusion de fleurs de sureau est conseillée en cas de refroidissement et de fatigue des yeux. Trempée dans une pâte à frire, la hampe florale donne de délicieux beignets, tout comme les grappes de fleurs du robinier, aussi appelé faux acacia.*

Observés à la loupe, les tissus qui couvrent le corps du tigre du platane révèlent une merveilleuse dentelle.

Les insectes piqueurs

Cigales et punaises percent les tiges ou les feuilles grâce à un rostre* puissant. Elles se nourrissent ensuite de la sève qu'elles aspirent copieusement, allant jusqu'à décolorer certaines feuilles. Ce phénomène est particulièrement visible sur les feuilles du platane, dont l'envers est habité par de vastes colonies de tigres du platane, minuscules punaises américaines introduites dans le Sud de l'Europe. Quant aux pucerons et aux cochenilles, ils restent quasi immobiles sous les feuilles, le rostre piqué dans la plante. De ce fait, ils sont souvent la proie de petits prédateurs, notamment de la fameuse coccinelle.

LES FOURMIS PARASOLS

Ces fourmis tropicales se dirigent à la queue leu leu vers un arbre qu'elles dépouillent totalement de ses feuilles. À les voir ensuite porter les morceaux de feuilles sur leur dos, on croirait qu'elles tiennent des parasols pour s'abriter du soleil ! Elles broient alors cette matière végétale avec leurs mandibules et la déposent au milieu de la fourmilière, dans une atmosphère chaude et humide. Cette ambiance particulière permet à un certain champignon de se développer et de décomposer la matière végétale, qui devient de ce fait plus facile à digérer pour les fourmis.

Travaux de couture

Certains insectes ne consomment pas directement les feuilles telles quelles et ont besoin de petites préparations plus ou moins subtiles. Ainsi les charançons cigariers ne livrent à l'appétit de leurs larves que des feuilles roulées à moitié fanées, dans lesquelles la sève ne circule plus. Pour cela, ils découpent la feuille encore sur l'arbre, la roulent et en "cousent" certaines parties, lui donnant l'aspect d'un cigare (d'où leur nom). Les chenilles tordeuses roulent les feuilles en cornet et les lient avec des fils de soie pour s'y cacher et s'y nourrir. D'autres papillons de taille minuscule vont encore plus loin en ne consommant que la partie renflée et souple située entre les deux faces de la feuille. Seul le dessin de leurs galeries, visible par transparence, peut trahir leur présence.

Fourreau réalisé par une chenille tordeuse.

Le feuillage d'un arbre peut totalement disparaître à la suite d'une invasion de chenilles. Cependant, si les attaques ne sont pas trop répétées, l'arbre ne meurt pas et une nouvelle poussée de feuilles survient. Dans le Sud de l'Europe, le bombyx disparate ravage régulièrement le feuillage des chênes verts.

Le tanin et l'acide gallique contenus dans l'écorce et les feuilles du chêne sont des substances qui ont pour effet de resserrer les tissus vivants (la peau). Pour cette raison, ils sont infusés pour être employés, en bain de pieds, contre les engelures et l'excès de transpiration.*

Les prédateurs

Les prédateurs se nourrissent de proies vivantes et les plus grands d'entre eux culminent en haut de la chaîne alimentaire, dominant les espèces plus petites. Mais le recul de la forêt dans de nombreuses régions rend leur maintien en liberté problématique car ils ont besoin de vastes espaces. De plus, l'homme tolère difficilement leur présence.

Force et rapidité

Avec leurs griffes rétractiles et leurs puissantes mâchoires, les félins sont les mammifères les mieux adaptés à la chasse. Le tigre du Bengale (ci-dessus à l'affût d'un cerf axis) est le plus redoutable ; il fréquente les forêts tropicales et sèches d'Asie. En Amérique du Sud, le jaguar hante les épaisses forêts tandis que sa cousine, la panthère, habite l'Afrique et l'Asie. Habiles grimpeurs, ces animaux poursuivent volontiers les singes dans les arbres. En Europe, la présence de l'homme chasseur et poseur de pièges a appris aux prédateurs à rester très discrets.

Dans les forêts d'Asie, le dhole, sorte de chien sauvage, chasse en bandes très organisées.

Attaquer par les airs

Dotés d'un bec crochu, de serres et d'un regard perçant, les rapaces sont bien armés pour la chasse. Les rapaces forestiers, comme l'autour des palombes, l'épervier (ci-contre) ou l'aigle harpie d'Amérique du Sud, possèdent des ailes et une queue allongées qui leur permettent de virer facilement entre les arbres pour capturer leurs proies, principalement des petits oiseaux, voire des singes pour l'aigle harpie.

En Indonésie, les nids de feuilles cousues des fourmis tisserandes sont abondamment récoltés par les hommes qui vendent les larves et les nymphes de ces insectes. En Chine, elles sont utilisées comme appâts pour la pêche ou comme nourriture pour les oiseaux de cage traditionnellement élevés dans ce pays.*

La réintroduction de grands prédateurs dans leur milieu naturel crée de nombreuses difficultés. Ainsi la présence de l'ours des Pyrénées est contestée par les éleveurs, qui estiment impossible de cohabiter avec lui. Un problème entre naturalistes et éleveurs qui n'est pas près de se résoudre...

Protégée par son mucus, un liquide toxique, la dendrobate sort et chasse en plein jour.

De sang froid

La plupart des amphibiens* sont des prédateurs qui s'attaquent aux animaux visiblement vivants : si la proie fait la morte, elle est délaissée. La géante du genre est la grenouille goliath, qui vit dans les mares au sein des forêts tropicales africaines. Pouvant mesurer jusqu'à 80 cm pattes déployées et pesant près de 15 kg, elle est capable d'engloutir une souris en une fraction de seconde ! Les rainettes, elles, sont typiquement arboricoles*. Leurs pattes portent des ventouses pour mieux s'accrocher aux feuilles lisses. Elles sont souvent vertes, à l'exception des dendrobates, qui ont des couleurs vives destinées à prévenir les prédateurs et une peau qui sécrète un poison paralysant !

UNE TACTIQUE DIABOLIQUE !

Le chant du coucou est bien connu, mais le voir est une autre histoire ! Cet oiseau se nourrit d'insectes vivants et pond dans les nids des autres oiseaux. Son petit, après avoir évacué les occupants légitimes du lieu, se fait nourrir par les parents de ces derniers. Il est d'ailleurs toujours amusant de comparer la taille du jeune coucou à celle de ses parents adoptifs, ici une rousserolle.

L'art du camouflage

Les serpents sont tous des prédateurs. Les espèces forestières arborent souvent une couleur verte pour mieux se fondre dans le feuillage et disparaître aux yeux de leurs ennemis, ou encore pour surprendre leurs proies. Les grands serpents comme les anacondas, les pythons et les boas tuent par constriction (étranglement), en étouffant leurs proies. D'autres espèces de la famille des vipères mambas ou cobras inoculent à leurs victimes un puissant venin. Les couleuvres, quant à elles, ne possèdent pas de crochets à venin, ce qui ne les empêche pas d'être des prédateurs efficaces auprès des rongeurs, batraciens ou petits oiseaux, qu'elles avalent la tête la première. Le caméléon, un autre reptile, change de couleurs selon ses humeurs et capture ses proies à distance grâce à sa longue langue collante.

Le python a coutume d'étouffer sa proie (ici un rongeur) avant de l'avaler tête la première.

Le nombre fait la force

Si les insectes passent plus inaperçus, ils n'en demeurent pas moins, par leur multitude, les prédateurs les plus présents sur Terre : libellules, guêpes, carabes ou mantes disposent de nombreuses astuces pour capturer leurs proies. De morphologies différentes, les araignées possèdent des crochets grâce auxquels elles inoculent à leurs victimes un venin digestif. On notera que les néphiles, malgré leurs toiles de plusieurs mètres carrés, sont parfaitement inoffensives pour l'homme.

C'est grâce aux insectes qu'elles mangent directement dans leur milieu que les petites grenouilles dendrobates, vivant dans les forêts d'Amérique centrale et du Sud, produisent leur mucus empoisonné. En effet, on s'est aperçu que les grenouilles d'élevage perdaient en bonne partie leur toxicité.

L'art de la fauconnerie consiste à dresser des oiseaux de proie pour chasser. Différentes espèces de faucons sont éduquées. Actuellement, on emploie des fauconniers sur certains aéroports pour effaroucher les groupes d'oiseaux qui risquent d'entrer en collision avec les avions.

Chasser en forêt

Si les tactiques des prédateurs sont nombreuses et variées, il en va de même de leurs apparences physiques. Mais l'habit ne fait pas le moine ! Les plus impressionnants et les plus réputés d'entre eux ne sont pas nécessairement les plus redoutables pour leur entourage.

Mammifère peu connu, le **glouton** fréquente les zones nordiques de l'Alaska à la Sibérie. Cet animal très rusé se laisse rarement prendre au piège et fuit les hommes (ce qui ne l'empêche pas de venir parfois dévorer leurs provisions !). Ce prédateur, capable de s'attaquer aux rennes et aux élans, est le plus grand des mustélidés – famille qui comprend aussi les martres chasseuses d'écureuils par exemple. Bien que sa taille de 40 cm à l'épaule semble modeste, c'est un puissant batailleur à la mâchoire et aux griffes redoutables ! Peu d'animaux osent lui voler sa nourriture, pas même l'ours, dont il pille pourtant les proies.

La **chouette tachetée** est un rapace nocturne remarquablement adapté à la chasse de nuit : ses yeux placés sur deux larges disques situés côte à côte lui procurent une excellente vue. Son masque de plumes a tendance à amplifier les sons (un peu à la manière d'une parabole) tandis que ses oreilles, légèrement décalées, lui permettent de mieux localiser leur provenance. Ses plumes glissent sans bruit dans l'air, ce qui rend son vol très discret. Ses serres acérées capturent et tuent les proies, que son bec crochu se charge de dépecer. La chouette les avale en totalité, mais régurgite plus tard une pelote constituée des os et des poils non digérés.

Le **pangolin** est un curieux mammifère au corps couvert d'écailles qui vit dans les arbres d'Afrique et d'Asie. Il y grimpe grâce à ses fortes griffes, qui lui permettent aussi de fouiller les termitières, dont les habitants constituent l'essentiel de sa nourriture. Ses yeux sont dotés d'une double paupière pour éviter les piqûres des termites. Il projette directement sa langue collante dans les galeries et aspire les insectes. Comme le pangolin ne possède pas de dents, ceux-ci sont broyés au sein de son estomac grâce aux petits graviers qu'il ingère en même temps qu'eux. À la manière des hérissons, il se roule en boule quand il se sent menacé.

La toute dernière population de lions indiens survit dans une forêt sèche de l'ouest du pays, la forêt de Gir, où il n'en reste plus que 300 à peine. On les distingue de leurs cousins de la savane africaine par leur crinière, un peu moins fournie.

Les araignées disposent de plusieurs sortes de toiles qu'elles utilisent différemment selon leurs besoins. Elles se servent de leur toile pour piéger les insectes lorsque celle-ci est très collante, pour tisser le cocon des œufs, pour emmailloter leurs proies, ou encore, en laissant filer la soie au vent, pour s'envoler vers d'autres sites.

Parmi les araignées les plus étonnantes, citons les **mygales**, qui vivent dans les arbres ou les terriers en Amérique latine. Les fils de soie qu'elles tissent leur servent à consolider les parois de leur abri et à fabriquer le tapis sur lequel elles s'accrochent pour faire leur mue*. Elles chassent à l'affût, bondissant sur tous les petits vertébrés et insectes qui passent à leur portée. Outre de puissants crochets venimeux articulés (les chélicères), certaines espèces, comme la mygale smithii (ci-contre), possèdent pour se défendre des poils urticants qu'elles projettent sur leur assaillant, lui causant de fortes irritations des bronches.

La plupart des **salamandres** sont très discrètes : elles sortent la nuit et par temps pluvieux, car le mucus qui recouvre leur peau, le plus souvent toxique, doit rester constamment humide. Elles vivent généralement à terre, où elles se nourrissent de petites bêtes remuantes. En effet, une proie immobile est vite délaissée. De nombreux insectes mettent ce phénomène à profit et font les morts dès qu'ils sont touchés. La salamandre géante de Chine (ci-contre) peut mesurer jusqu'à 1,80 m.

Les **mantes religieuses** vivent dans les régions chaudes et tempérées du globe. Celles des forêts tropicales arborent de remarquables tenues de camouflage qui leur permettent de se confondre avec la végétation. Les plus étonnantes, aux couleurs vives, se dissimulent parmi les fleurs pour mieux surprendre les insectes butineurs. Un déguisement qui leur évite également d'être elles-mêmes dévorées par un oiseau ou par un singe !

L'insecte prédateur le plus redouté de la jungle est certainement la fourmi légionnaire. Formant des hordes de quelques milliers d'individus, ces fourmis dévorent tout sur leur passage. Même les grands mammifères sont menacés. Quant aux autres espèces de fourmis, elles sont emportées comme esclaves.

Les reptiles ont des dents inclinées vers l'arrière de la mâchoire, si bien qu'ils peuvent difficilement rejeter la proie qu'ils ont commencé à engloutir. Ainsi, si deux serpents s'attaquent à la même victime en l'avalant chacun par un bout, ils ne peuvent reculer lorsqu'ils se retrouvent tête à tête. Résultat : le plus gros mange le plus petit !

Les recycleurs

Bois, feuilles, animaux morts, tout ce qui tombe sur le sol de la forêt se dégrade plus ou moins rapidement. Cette décomposition est l'œuvre de nombreux organismes d'apparence modeste, parfois invisibles. Champignons, insectes, bactéries jouent les éboueurs et recyclent l'ensemble des déchets.

Déchets végétaux

Les feuilles et les branches mortes qui tombent sur le sol représentent une masse considérable de matière. De nombreux organismes se mettent à l'œuvre pour fractionner cette substance. Quand le bois est encore dur, il est consommé par des larves de capricornes. On n'en compte pas moins de 17 000 espèces répandues dans le monde entier! Plus discrets, les champignons jouent eux aussi un rôle important : en se nourrissant du bois dur, ils le ramollissent et le rendent accessible à de nombreuses bestioles aux mandibules* moins acérées, comme les mille-pattes, les iules ou les cloportes. Dans les pays tropicaux, leur taille peut être tout à fait impressionnante : les iules géantes dépassent souvent les 20 cm de long. Dans la chaleur humide de ces forêts, l'activité des décomposeurs est continue puisqu'il n'y a pas d'hiver et que les feuilles tombent régulièrement pour être aussitôt remplacées.

Ultime maillon de la chaîne alimentaire, les bactéries finissent le travail des décomposeurs : elles transforment la matière organique en sels minéraux assimilables par les racines des plantes, perpétuant ainsi le cycle de la matière *(voir p. 10-11)*.

Familier des forêts tropicales humides, cet inoffensif mille-pattes qui mesure une dizaine de centimètres se nourrit des multiples déchets végétaux tombés des arbres.

Ces champignons, des pholiotes changeantes, consomment la partie dure du bois.

Dans certaines régions, comme en Écosse, les hommes récupèrent encore la tourbe. Ils la font sécher et s'en servent comme combustible. Si la tourbe brûle, elle sait aussi conserver! Dans les tourbières du Jutland, au Danemark, des squelettes humains momifiés par la tourbe ont été retrouvés pratiquement intacts.

Quand les hommes ont introduit des moutons en Australie, ils ont oublié d'apporter avec les bousiers. Grossière erreur : au bout de quelques années, toute la prairie s'est trouvée envahie de crottes de moutons! Une fois les bousiers importés, tout est progressivement rentré dans l'ordre.

Rien ne se perd

Un groupe de coléoptères*, celui des bousiers, s'est spécialisé dans le recyclage des bouses. Ces insectes roulent une boule de crottin qu'ils enterrent plus loin pour la manger et pondre à l'intérieur. D'autres coléoptères, comme les géotrupes, se contentent de creuser sous la bouse sans la déplacer afin de l'enterrer. Enfin les plus petits, comme les scarabées aphodius, consomment sur place des crottes de cerfs et se logent même à l'intérieur.

De manière étonnante, on rencontre parfois plus de papillons sur une crotte que sur une belle fleur. En effet, ceux-ci sucent les matières minérales qui s'y trouvent.

Cette crotte de chien reçoit la visite de ravissantes créatures, des azurés bleu céleste.

UNE DÉCOMPOSITION À PLUSIEURS VITESSES

Dans les forêts tropicales chaudes et humides, l'activité des décomposeurs, en particulier des bactéries, est telle que les déchets restent très peu de temps au sol : ils sont aussitôt recyclés et à nouveau assimilés par les plantes. Dans les contrées froides au terrain acide, en revanche, l'activité bactérienne est plus réduite et les feuilles mettent très longtemps à disparaître (notamment les aiguilles des conifères), d'où une épaisseur de litière très importante. Il en va de même pour les marais tourbeux, dont l'acidité ne permet pas un travail complet des bactéries. La décomposition y est incomplète et les déchets forment d'épaisses couches de tourbe, une matière molle et légère.

Cadavres exquis

Dès qu'un animal meurt en milieu forestier, tout un cortège d'insectes défile autour du cadavre. En général, les mouches arrivent les premières. Pour être rapidement plus nombreuses que leurs concurrentes, les mouches à damier pondent des larves déjà écloses qui vont s'empresser de consommer cette chair. Les mouches vertes, elles, pondent des œufs. Les coléoptères nécrophores transportent des morceaux de chair, dont ils font une boulette, pour nourrir leurs jeunes. Quand le cadavre est petit, ils l'enterrent en creusant dessous. Enfin, lorsqu'il ne reste plus que des os et des lambeaux de peau, d'autres coléoptères, comme les trox ou les dermestres, et certains papillons de la famille des mites, se nourrissent de ces matières sèches.

Grâce à un odorat très développé, le nécrophore (posé ici sur un oiseau mort) perçoit de loin l'odeur de la chair décomposée.

Utilisés en Occident jusqu'à la Seconde Guerre mondiale, les asticots d'une race américaine de lucilie soyeuse sont encore employés aujourd'hui pour soigner les blessures : ils mangent les parties mortes et infectées des plaies et délaissent les parties saines. Un travail de nettoyage plus précis que celui du bistouri du médecin !

Les nécrophores se montrent des parents exemplaires. Ils lèchent leurs œufs pour leur éviter les moisissures et nourrissent les larves. Ce fait, assez exceptionnel chez les insectes, s'explique par la nécessité de rester propre au milieu de la pourriture ambiante !

Les hôtes du chêne

Puissant et majestueux, le chêne peut vivre plus de mille ans. Plus il vieillit, plus il offre de cachettes et de nourriture aux nombreux insectes, oiseaux et mammifères qui l'occupent.

En haut des branches, l'**écureuil** construit un nid de feuillage en forme de boule, où il dort enroulé dans sa queue. Parfois, il adopte une cavité (un creux) dans laquelle il aménage un lit douillet ou cache des noisettes.

Deux cents espèces de cynips (hyménoptères*) fréquentent le chêne. Ces petites guêpes pondent dans le tissu végétal, occasionnant la formation de **galles** dans lesquelles se développent leurs larves.

La **chenille de la lichénée** est une amatrice de feuilles. Ses formes et ses couleurs discrètes la rendent difficile à découvrir sur les rameaux.

Une blessure suintante sur le tronc attire aussitôt des insectes amateurs de sève sucrée, tel ce gros papillon nocturne de la famille des noctuelles : la **lichénée**. Elle est souvent accompagnée du **lucane** qui, contrairement à ce que ses puissantes mandibules* laissent croire, n'est qu'un simple insecte lécheur.

Sur le tronc, le **grand capricorne** recherche des partenaires pour s'accoupler. La femelle pond ensuite à la surface de l'écorce. Dès leur éclosion, les petites larves forent des galeries vers l'intérieur en mangeant le bois. En quatre ou cinq ans, elles gagneront l'aubier de l'arbre, qu'elles affaibliront au risque de le faire mourir.

On coupe les chênes destinés à fournir du bois de construction vers l'âge de 200 ans. En les laissant vieillir, on obtient plus de bois mais les arbres se défendent moins bien contre les attaques des parasites, d'où le risque d'apparition de cavités qui diminuent la valeur du bois.

Les galles du Cynips kollari *sont récoltées sous le nom de "noix de galle" car elles contiennent beaucoup de tanin*. En présence de sels de fer, le tanin réagit et devient noir. Il suffit de le mélanger à de la gomme arabique pour obtenir de l'encre. On utilise ces galles également pour fixer des teintures.*

Le **geai des chênes** fabrique à la fourche d'une branche un nid fait de grosses racines terreuses. Comme beaucoup de corvidés*, il cache de la nourriture, en particulier des glands, d'où son surnom de "semeur de glands".

Les **hannetons** adultes ne vivent que quelques semaines et sortent toujours au crépuscule pour se nourrir de feuilles.

Les racines, dont le volume approche celui des branches et des feuilles, abritent beaucoup de larves. Celle du **hanneton**, ou ver blanc, va passer quatre ans à s'en nourrir. Puis elle deviendra une nymphe*, d'où sortira l'insecte adulte mangeur de feuilles.

Pour se cacher, de nombreux insectes, comme la lichénée sur l'écorce du chêne, pratiquent l'homochromie, qui consiste à prendre la couleur du milieu où ils se trouvent. Avec l'homotypie, ils copient cette fois la forme d'un des éléments du décor, comme celle d'une branche chez la chenille du papillon géomètre.

La partie supérieure du chêne est un remarquable réservoir biologique qui peut abriter plusieurs millions d'insectes, dont une grande partie consomme ses feuilles. Un arbre complètement défolié remplace son feuillage dans le courant de l'année, mais il produit peu de glands.

Un arbre mort bien vivant

Avant d'être recyclé par les décomposeurs, un arbre mort peut rester sur pied de nombreuses années. Si la sève ne circule plus dans ses branches et si son écorce se décolle, cela n'empêche pas les animaux ou les plantes d'y trouver refuge, bien au contraire...

Creuser sa maison

Les oiseaux comme les pics (pic épeiche, pivert et pic noir entre autres) entaillent le bois pour y chercher leur nourriture – essentiellement composée de larves d'insectes – et creuser le trou rond de leur nid. Leur bec est spécialement adapté à ces besognes.

Réaménager la maison des autres

D'autres oiseaux recherchent les cavités déjà existantes pour y élever leur nichée. Les anciens nids de pics sont largement occupés par ces oiseaux dits cavernicoles. Les mésanges sont les espèces les plus courantes, en particulier la mésange charbonnière et la mésange bleue. Elles garnissent les trous de mousse et de crin et nichent souvent plusieurs années au même endroit.

Quand la cavité est trop importante, l'astucieuse sittelle torchepot la réduit à sa taille en la tapissant de boue séchée. Elle est ainsi assurée que les étourneaux, plus gros, ne viendront pas la déranger.

Après avoir rebouché en partie le cœur d'un châtaignier creux, cette sittelle nourrit ses jeunes avec un papillon hachette capturé en vol dans la forêt.

Près de la ville du Mans, la construction d'une autoroute a été stoppée par la découverte de scarabées pique-prune, une espèce rare et protégée. Leurs larves vivaient dans les cavités des vieux arbres que l'on devait abattre. Finalement, les arbres ont été déplacés ! Les scarabées survivront-ils à ce traitement ?

Le frelon installe son nid, fabriqué à partir de lanières de bois mort arrachées aux branches et malaxées de salive, dans une cavité. Il se nourrit d'insectes, en particulier de chenilles dévoreuses de feuilles. Une bonne raison pour ne pas détruire inutilement ce protecteur des arbres vivants !

Vivre caché

Dès qu'ils ont repéré une cavité correspondant à leur grande taille (environ 60 cm de hauteur), les calaos, tel le calao bicorne d'Asie du Sud-Est (dessin), préparent leur nid. Puis la femelle s'y glisse et se fait emmurer par le mâle, qui laisse juste un passage pour le bec afin de la nourrir.

Durant toute la période où elle vit cloîtrée dans son nid, la femelle calao, nourrie par son mâle, couve et commence à perdre ses plumes. Celles-ci ne repousseront qu'au moment où elle sortira pour aider le père à nourrir les petits.

Des galeries très accueillantes

Le bois mort accueille toutes sortes d'insectes qui s'en nourrissent et y creusent leurs galeries, parfois avec la complicité préalable des champignons qui ramollissent ses fibres *(voir p. 16 et 24)*.

D'autres, sans se nourrir de ce bois, construisent également des galeries pour des usages différents. Les abeilles charpentières, de gros bourdons bleus, y emmagasinent du pollen sur lequel elles pondent. La larve se développe ensuite seule grâce à cette provision laissée par sa mère. On trouve aussi des guêpes chasseresses, qui forent des galeries pour y entasser des proies paralysées que leurs larves consomment vivantes. Enfin, les trous de sortie creusés par les insectes, et notamment les capricornes de taille adulte, sont volontiers utilisés par de petites abeilles solitaires : les osmies. Celles-ci aménagent la galerie pour y pondre à la manière des abeilles charpentières. Le trou est ensuite rebouché avec de la boue ou de la cire.

Cette osmie récupère une galerie d'un diamètre adapté à sa taille.

Une fois séchée, la fibre de l'amadouvier s'enflamme facilement et se consume doucement. C'est pourquoi les hommes préhistoriques l'employaient pour allumer le feu et le conserver dans des cages à feu. Ces mèches étaient également utilisées comme briquet au siècle dernier.

En Angleterre, certains arbres morts tombés sont remis sur pied afin que la faune qui les occupe puisse y survivre tranquillement. Parfois, l'arbre mort entier est déplacé vers une autre forêt afin d'enrichir ce site en nouvelles espèces d'insectes et de champignons.

Des animaux branchés

Certaines espèces ont un physique particulièrement adapté à la vie dans les arbres. À terre en revanche, leurs déplacements plutôt maladroits les mettent en danger vis-à-vis des nombreux prédateurs.

Pour pratiquer le vol plané d'un arbre à un autre, l'**écureuil volant** écarte ses membres, déployant les deux grandes membranes latérales qui relient le cou aux pattes et à la queue (patagium). De nombreuses espèces existent, la plupart localisées en Asie du Sud-Est. En Australie, les écureuils volants ne sont pas des rongeurs mais des marsupiaux* appelés phalangers.

Pour se déplacer dans les arbres, le **gibbon** pratique la brachiation : il se balance d'une branche à l'autre grâce à ses bras démesurés. Il va si vite que l'on croirait parfois le voir voler ! Vivant dans les forêts denses d'Asie du Sud-Est, il est très difficile à observer, mais beaucoup plus facile à entendre ! En effet ses cris particuliers, amplifiés par un "sac vocal", lui permettent d'affirmer son territoire et couvrent tous les autres bruits de la forêt.

Le **paresseux** s'accroche fermement aux branches grâce à ses griffes recourbées. Cet animal primitif, pourtant assez répandu dans les forêts d'Amérique du Sud, est rarement observé car il passe sa vie en haut des arbres, où il se nourrit essentiellement de feuilles. Cette nourriture étant largement disponible, il n'a pas besoin d'effectuer de grands déplacements (d'où son nom) et il reste parfois toujours sur le même arbre, souvent un cécropia. Il n'est pas rare que des algues vertes poussent sur sa fourrure, ce qui contribue à le dissimuler dans la végétation environnante.

L'"accrobranche" est une activité encadrée par des grimpeurs passionnés, qui organisent escalades et balades-découvertes en haut des arbres pour les amateurs de nature et de sensations fortes. Cela en toute sécurité et en respectant la végétation.

Le couscous, un grand phalanger mesurant environ 90 cm de longueur, est le plus gros des marsupiaux volants d'Australie. Les arbres de ce pays étant éloignés les uns des autres, il effectue des sauts d'arbre en arbre sur une distance de plus de 100 m, principalement la nuit !

Dans la jungle des îles indo-malaises, plusieurs espèces de lézards de la famille des agames possèdent un repli de peau entre les membres qui leur sert à planer entre les arbres. Le **dragon volant**, quoique de toute petite taille, est le plus spectaculaire d'entre eux. Lorsqu'il plane, sa membrane aux teintes vives le fait ressembler à un grand papillon noir et orange. Un bon moyen de tromper ses prédateurs car, lorsqu'il se pose et replie sa membrane, ceux-ci ne distinguent plus les couleurs aperçues pendant le vol. Son physique coloré est également très utile pour courtiser les femelles.

L'**orang-outang** vit dans les forêts tropicales des îles indo-malaises, notamment à Bornéo. Ses quatre membres sont allongés et il peut aussi bien se servir de ses mains que de ses pieds pour s'accrocher ou manger. Quand il se déplace, il déplie ses membres et marche avec précaution sur les branches des arbres. À la manière des gorilles, il fabrique chaque soir, en haut des arbres, un nid où il passe la nuit et se nourrit principalement de fruits, de feuilles, et éventuellement de petits animaux qu'il réussit à capturer.

Le **serpent volant** des forêts d'Asie du Sud-Est creuse son corps afin de développer une surface ventrale plus importante. Lorsqu'il repère une proie au sol (de petits animaux tels que des lézards et des oisillons), il se jette dans le vide et glisse dans les airs afin de fondre sur sa victime.

Le tarsier est un petit primate arboricole nocturne d'Asie du Sud-Est, doté d'une longue queue et d'yeux énormes. Pour passer d'un arbre à un autre, il bondit et effectue, une fois en l'air, une rotation latérale. Puis il retombe à quatre pattes sur une branche voisine.*

La plupart des grenouilles sont douées pour le saut, mais celles du genre Rhacophorus, *qui fréquentent les forêts denses d'Asie du Sud-Est, pratiquent le saut plané. Pour ce faire, elles écartent leurs doigts palmés. Bien utile pour échapper aux prédateurs...*

Lisières et clairières

Espaces ouverts et lumineux au cœur des forêts, les clairières voient se développer des plantes qui émergent difficilement à l'ombre des grands arbres. Elles assurent la nourriture des animaux herbivores qui, en venant consommer les jeunes pousses des arbres, contribuent à maintenir ces prairies herbeuses.

L'**orchis bouc** pousse souvent sur les talus des chemins au sol calcaire et sec. Régulièrement fauchée, elle est cependant en expansion. Cette grande orchidée peut atteindre 1 m de hauteur et émerger ainsi parmi les hautes herbes. Sa hampe florale*, qui s'épanouit de mi-mai à début juillet, dégage une forte odeur qui rappelle celle du bouc, d'où son nom.

La **coulemelle**, ou lépiote élevée, est le plus grand champignon d'Europe (jusqu'à 40 cm de hauteur). Cet excellent champignon comestible se reconnaît facilement, notamment grâce à son anneau qui coulisse autour de son pied. Il se rencontre de juillet à octobre, sur les sols à bruyères ou à genêts qui bordent les forêts.

Animaux à sang froid, les reptiles tels que les lézards et les **vipères** prennent volontiers leur bain de soleil en lisière. Au printemps, en zones tempérées, on peut voir des nœuds de vipères lorsque les mâles s'affrontent avant de s'accoupler avec les femelles. En plein été, le soleil de midi est souvent trop chaud pour eux. Ils sortent alors plutôt le matin ou le soir pour récupérer la chaleur nécessaire à leur métabolisme*. Ils partent ensuite à la chasse aux rongeurs.

Les serpents sont sourds, mais ils perçoivent les vibrations des sons grâce à leurs larges écailles ventrales. Lorsque l'on se promène en forêt, marcher lourdement en frappant du pied est donc un bon moyen de faire fuir les vipères.

Très toxique, la digitale pourpre, abondante dans les clairières, peut provoquer des dommages par simple contact : 120 g de feuilles contiennent assez de digitaline pour entraîner la mort. Toutefois, ce poison peut se révéler un médicament de premier choix pour revitaliser le cœur, si on respecte scrupuleusement les doses !

Prudents, les mammifères qui fréquentent les lisières évitent de se montrer en plein jour. C'est ainsi que, la nuit, les clairières sont souvent les témoins de rassemblements de **lapins**. Leurs terriers sont de préférence creusés le long des talus et, pour signaler leur territoire, ils déposent leurs crottes sur un petit monticule. De nombreuses ébauches de terriers, appelées jouettes, attestent de leur présence et quelques touffes de poils abandonnées çà et là témoignent des règlements de comptes entre mâles.

Le **papillon tircis** est fréquent le long des allées forestières et dans les clairières. Le mâle se perche volontiers au soleil pour surveiller son territoire. Il butine sur les fleurs de ronces et autres fleurs de lisières. La couleur brune de ses ailes parsemées de taches jaunes imite les jeux d'ombres des feuillages. Les papillons nés en mars sont plus clairs que ceux nés en été.

Les **fourmis des bois** (ici la *Formica rufa*) installent leur nid de brindilles enchevêtrées dans un lieu exposé au soleil. Le dôme dépasse parfois 1,50 m de hauteur. Le nid est aussi creusé dans le sol où la colonie, qui peut compter plus d'un million d'ouvrières, hiverne pendant la saison froide. Très utiles à la forêt, les fourmis jouent un rôle régulateur en consommant les insectes en surpopulation. Pour se défendre, elles projettent des jets d'acide.

Le geai des chênes fréquente volontiers les fourmilières pour prendre un bain de... fourmis ! Il écarte les ailes et se laisse envahir par ce monde grouillant qui, en projetant de l'acide formique, éloigne les parasites de son plumage. L'oiseau va même jusqu'à saisir des fourmis dans son bec pour en frotter ses plumes.

Des cercles d'herbe rase apparaissent parfois dans les prairies. On les attribuait autrefois à des sorcières venues danser. La réponse à ce mystère est donnée par les cercles de champignons qui se forment à l'automne. C'est en fait l'activité souterraine du mycélium qui occasionne ces "ronds de sorcières".*

Astuces de survie

Comme tous les êtres vivants, les arbres résistent et cherchent à se multiplier au-delà de leurs limites. Ceux qui partent à la conquête de nouveaux terrains sont généralement plus chétifs. Mais parfois, au fil du temps, ils réussissent à s'adapter de façon étonnante.

Le manque de nourriture

Si une graine germe* dans un sol pauvre, l'arbre qui en sortira sera tout rabougri car il aura manqué de nourriture tout au long de sa croissance. Ce phénomène se rencontre surtout dans les terrains sableux ou rocheux, où la matière organique est peu abondante. Petit à petit toutefois, les déchets et la poussière vont s'accumuler autour des racines de l'arbre, constituant l'humus* (le terreau) nécessaire à sa vie. Au cours du temps, un sol se met en place, sur lequel d'autres plantes pousseront et se multiplieront.

Le froid et le vent

En montagne et dans les régions froides, les arbres sont souvent déformés par le vent et ils doivent s'adapter aux chutes de neige. Dans ces conditions extrêmes, ils sont la plupart du temps plus clairsemés. Dans le nord de l'Europe poussent des espèces de saules et de bouleaux nains qui réussissent à supporter le poids de la neige et la force du vent. Tandis que la majorité des arbres des régions froides ou tempérées perdent leurs feuilles à l'automne, les conifères, eux, peuvent conserver leur feuillage constitué d'aiguilles, tout en ralentissant leur rythme de vie en hiver.

En bord de mer enfin, le vent est là encore généralement très fort et déforme les arbres.

Pin du mont Avic tordu par le vent, dans la vallée d'Aoste, en Italie.

Les tanins amers continuent de protéger le bois une fois mort. Le bois du chêne ou du châtaignier, riche en tanin, se dégrade ainsi plus lentement que le bois blanc du bouleau ou du peuplier par exemple, plus mou et dépourvu de cette substance organique.*

Le degré de pollution de l'eau ou de l'air, en forêt ou dans d'autres milieux, peut être connu grâce aux bio-indicateurs. Il s'agit d'espèces vivantes (lichens ou certains poissons par exemple) qui disparaissent de leur milieu au-delà d'un certain niveau de pollution.

De même que les milieux influencent le développement des plantes, celles-ci, à leur tour, jouent un rôle sur l'évolution de leur milieu. Ainsi les pins, dont les aiguilles se décomposent mal, ont tendance à acidifier le sol. Or, très peu de plantes réussissent à pousser sur des terres acides.

Depuis le début du siècle dernier, une épidémie due à un champignon s'est propagée en Hollande, menaçant la survie des ormes. Les scientifiques tentent de mettre au point une méthode de lutte efficace en plantant des arbres qui résistent à ce parasite.

Le manque d'eau

Pour faire face au manque d'eau, souvent lié à une chaleur excessive, les arbres cherchent à limiter l'évaporation au niveau de leurs feuilles. Ils réduisent la surface de ces dernières, et par conséquent leur taille, comme le font la plupart des arbres de la forêt sèche au sud de Madagascar (ci-dessus). Ils peuvent aussi recouvrir leurs feuilles de vernis et de duvet. Ainsi la transpiration est réduite et les arbres économisent leur eau. Enfin, pour puiser celle-ci le plus loin possible, ils développent un réseau de racines très important.

On rencontre de nombreux pneumatophores au pied des palétuviers qui poussent dans la mangrove de la côte ouest de Nouvelle-Calédonie.

Et lorsqu'il y en a trop ?

Quand la base de l'arbre est constamment sous l'eau, les racines ont du mal à respirer. L'arbre émet donc des sortes de rejets, ou racines aériennes, appelés pneumatophores. Dans la forêt tropicale par ailleurs, où le taux d'humidité est maximal, les feuilles qui poussent dans les strates inférieures sont souvent lisses et pointues. Ainsi les gouttes de pluie ne stagnent pas sur elles mais glissent vers le sol.

Les invasions biologiques, qui résultent souvent de l'introduction d'une plante ou d'un animal dans un nouveau milieu, sont désormais considérées à l'échelle mondiale comme la deuxième cause d'appauvrissement de la biodiversité, juste après la destruction des milieux naturels.

Grand arbre importé de Chine en Grande-Bretagne en 1751, l'ailante s'est propagé dans l'Europe entière. Il produit des substances si toxiques qu'elles empêchent le développement des autres espèces. Des recherches sont actuellement menées pour utiliser ses toxines comme désherbant.

Protéger l'essentiel

Si la population des herbivores est trop importante dans une forêt, cette dernière a du mal à se renouveler car toutes les pousses sont mangées. Les jeunes arbres peuvent se protéger par des épines (acacias, robinier), ou encore pousser en boule afin d'empêcher l'animal de se nourrir de leur tige centrale. Dès que celle-ci sera hors d'atteinte, elle pourra s'élancer vers le ciel pour former par la suite un véritable tronc.

Cet épicéa s'est suffisamment étoffé en largeur pour mettre sa tige centrale à l'abri des gourmands.

Lutter contre l'envahisseur

Dans la forêt sèche africaine, les acacias qui commencent à être broutés par des animaux émettent des signaux olfactifs perçus par les autres arbres. Ceux-ci fabriquent alors des tanins* amers peu appréciés par les herbivores. Pourquoi ne pas produire en permanence des feuilles toxiques (comme le fait l'if européen) ou un latex empoisonné (comme les euphorbes) ? Parce que l'élaboration de ces produits est une dépense d'énergie supplémentaire que tous les arbres ne peuvent se permettre, notamment sur des sols pauvres. Par ailleurs, les odeurs émises par les arbres affaiblis peuvent être interceptées par des xylophages (insectes mangeurs de bois, *voir p. 16-17*) qui seront tentés de venir y pondre. Enfin, certains arbres émettent des substances empoisonnées, les toxines, pour éviter d'être envahis par leurs propres congénères. Dans les forêts tempérées d'Europe, par exemple, les feuilles du hêtre, en se décomposant sur le sol, libèrent des toxines qui empêchent d'autres plantes de pousser trop près de lui.

Le feuillage du hêtre empêche ses "enfants" de germer près de lui.*

Quand un champignon ou un virus tente de pénétrer l'arbre, ce dernier fabrique du bois pour entourer et isoler la partie atteinte dans une grosse boule appelée "loupe" (ici une loupe de châtaignier).

D'où peut venir l'étrange son de gouttes de pluie tombant sur les arbres qui envahit parfois, même par beau temps, la forêt méditerranéenne ? C'est tout simplement le bruit que font les crottes des chenilles du bombyx disparate en tombant sur les feuilles mortes, lorsque ces chenilles ont complètement envahi la forêt !

Les pins plantés en baie de Somme pour fixer les dunes n'ont pu pousser avec succès qu'à partir des années 1950. C'est en effet à cette période que la maladie de la myxomatose décima les populations de lapins de garenne qui, jusque-là, mangeaient tous les jeunes arbres.

En bonne entente

Dans la nature, où chaque être lutte pour sa survie, il est rassurant de rencontrer des organismes qui s'unissent pour affronter des conditions extérieures difficiles. Des associations qui peuvent se faire entre plantes, entre animaux, ou croiser la faune et la flore.

Quand les fourmis sont les bienvenues

Dans les forêts tropicales, certains arbres comme les cécropias invitent des fourmis au sein de leurs tiges. Elles disposent d'un petit espace pour faire leur nid, et de glandes à nectar pour se nourrir. En échange, elles chassent les chenilles et autres mangeurs de feuilles. Encore plus rusés, les acacias des forêts sèches développent des épines creuses qui servent d'abri aux fourmis. L'antilope qui s'avise de s'attaquer aux feuilles déclenche alors leur sortie et doit lâcher prise.

Les épines de cet acacia sont défensives à double titre : leurs pointes sont très piquantes et leur contenu surprenant (des fourmis) perturbe les agresseurs.

Une cohabitation cordiale

Certains animaux ont bien compris l'intérêt de vivre ensemble. En Inde, les cerfs axis sont souvent associés aux singes entelles. En mangeant dans les arbres, les singes font régulièrement tomber des feuilles et des fruits que les cerfs récupèrent. À eux deux, le singe et le cervidé peuvent détecter la présence d'un prédateur tant au niveau du sol qu'au sommet des arbres. Pratique pour s'alerter mutuellement !

Les cris que lancent les singes entelles (aussi appelés langurs) dès qu'ils aperçoivent un prédateur alarment les cerfs axis.

Les arbres des villes portent peu de lichens car ceux-ci sont très sensibles à la pollution. Cette sensibilité variant selon les espèces, on a pu établir des cartes de pollution grâce à leur répartition.

Les insectes fournissent un apport en protéines non négligeable à certaines populations locales : près de 500 espèces sont ainsi consommées à travers le monde. Sur le marché de Bangui (République centrafricaine), à la saison des chenilles, la viande est délaissée au profit des insectes de la forêt.

Le champignon, un compagnon précieux

Les champignons sont nombreux en forêt. Et pour cause: ils récupèrent, sur les arbres et les feuilles mortes, les glucides qu'ils ne peuvent fabriquer faute de chlorophylle. Par ailleurs, les racines d'un arbre ou d'une plante peuvent s'associer avec le mycélium* d'un champignon. Ces associations (ou symbioses) profitent aux deux organismes : l'arbre absorbe mieux l'eau et les sels minéraux contenus dans le sol, tandis qu'en échange, le champignon récupère les sucres élaborés par l'arbre. C'est ainsi que l'amanite tue-mouches et le bolet rude s'associent au bouleau, le bolet élégant au mélèze, la nonnette voilée au pin.

Un autre exemple de symbiose est fourni par les lichens. Ces derniers résultent de l'étroite association entre un champignon, qui capte l'humidité et les sels minéraux, et une algue, qui produit les glucides grâce à la photosynthèse *(voir p. 10-11)*. À eux deux, ils produisent les éléments nécessaires à leur développement.

L'amanite tue-mouches est aussi facile à repérer que vénéneuse !

Probablement à cause de ses lobes évoquant la forme de poumons, le lichen lobaria était jadis censé soigner les maladies respiratoires en Europe.

Juste besoin d'air et d'eau fraîche

Dans les forêts tropicales, où l'humidité est très importante, de nombreuses plantes, en particulier des fougères, des lichens, des orchidées ou des broméliacées*, utilisent les troncs des arbres ou les creux des branches comme support. Dépourvues de véritables racines, elles vivent de l'air qu'elles respirent et de l'humidité qui suinte sur leurs feuilles et leurs tiges. On appelle ces plantes des épiphytes.

Cette orchidée épiphyte du genre Vanda, aux fleurs odorantes, pousse sur les arbres des forêts du Laos et d'Indonésie, en Asie.

L'indicateur est un oiseau qui adore le miel et les larves d'abeilles, mais qui est trop faible pour attaquer seul leurs nids, fort bien défendus. Pour parvenir à ses fins, il guide le ratel (sorte de blaireau d'Asie et d'Afrique), qui va éventrer les nids à l'aide de ses griffes. L'oiseau profite ainsi des restes.

Les chenilles de certains papillons de la famille des lycènes sécrètent une liqueur dont les fourmis raffolent. Pour mieux profiter de cette drogue, ces dernières emportent la chenille dans leur fourmilière et la nourrissent de leurs propres larves jusqu'à l'éclosion du papillon.

Les forêts dites tempérées poussent sous un climat dont les températures moyennes sont comprises entre – 15 °C en hiver et 30 °C en été. Le degré d'humidité (hygrométrie) y est généralement moyen.

La forêt de Bialowieza, en Pologne, est l'une des dernières forêts tempérées vierges et non exploitées. Composée de différents feuillus, elle abrite les bisons d'Europe, dont la race a été récréée à partir d'individus d'élevage, puis réintroduite, le dernier bison sauvage ayant été tué en 1922 dans le Caucase.

Les forêts tempérées

Les forêts tempérées poussent dans les régions où le climat n'est ni trop chaud, ni trop froid, et dont les saisons sont bien marquées.

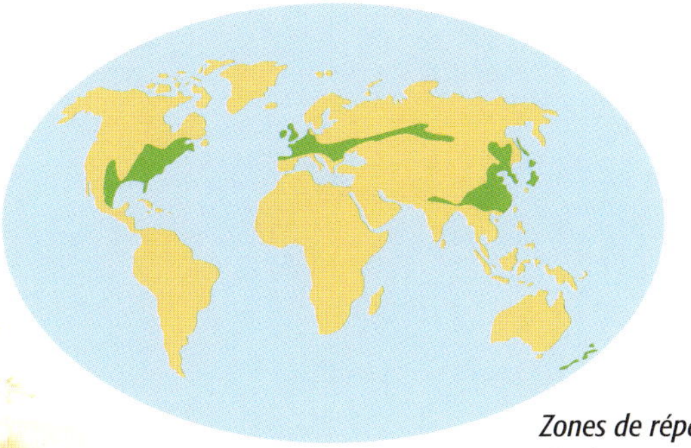

Zones de répartition des forêts tempérées.

Au fil des saisons

Les forêts tempérées, présentes de l'Amérique du Nord à la Nouvelle-Zélande, en passant par l'Europe, la Russie et la Chine, sont en majorité des forêts d'arbres à feuilles caduques : leur feuillage tombe chaque automne (pour ne pas geler en hiver) et se renouvelle au printemps. Lorsque le sol est couvert d'un épais tapis de feuilles, il ne reçoit plus de lumière. C'est pourquoi de nombreuses plantes ne peuvent se développer qu'entre le printemps et l'été. Les forêts de conifères, moins répandues dans les zones tempérées, offrent en toute saison le même visage, car la chute de leurs aiguilles est régulière *(voir DVD, chap. 1 et 4)*. Par conséquent, la végétation du sol forestier reste très pauvre car seules quelques plantes moins exigeantes parviennent à s'y installer, telles les mousses, les fougères et, bien sûr, les champignons.

Les grands types de forêts tempérées

Les différentes essences* d'arbres se répartissent en fonction de la situation géographique de ces forêts, du climat, de la nature du sol. Dans les zones fraîches du Nord, on rencontre surtout des hêtraies-sapinières ; dans les plaines, des chênaies-charmaies ou encore des forêts mixtes (qui regroupent feuillus et conifères) ; au bord des rivières, les aulnaies dominent.

Il suffit de connaître quatre feuillus (chêne, hêtre, frêne et érable sycomore) et quatre conifères (épicéa, sapin blanc, pin sylvestre et mélèze) pour être capable de nommer 90 % des arbres européens ! En comparaison, la population totale des arbres du monde compte environ 30 000 espèces.

Dans le sud-ouest de l'Angleterre, à Glastonbury, on raconte qu'une aubépine a poussé à l'endroit où Joseph d'Arimathie, venu évangéliser cette région, aurait planté son bâton. Cet arbre se couvrirait de fleurs le jour de Noël.

Une faune et une flore discrètes

Il faut pénétrer au cœur de la forêt tempérée pour voir le sous-bois se couvrir de fleurs au printemps, ou observer les nombreux animaux qui y vivent plus ou moins à l'abri des regards.

Le **frêne** colonise volontiers les terrains non acides au sol riche. Il aime la lumière et apprécie d'avoir les pieds au frais, sans toutefois baigner dans l'eau ! Il porte comme fruits des grappes de samares aplaties et ovales. Ses feuilles servent à faire une boisson fermentée : la frênette. Son bois, souple et solide, est employé pour faire des manches d'outils.

Au printemps, avant que les feuilles des arbres ne sortent de leurs bourgeons, le sol forestier se couvre de nombreuses fleurs qui profitent de la lumière pour s'épanouir, telles ces **jacinthes des bois**. Les réserves de nourriture contenues dans leur bulbe (racine souterraine) permettent ce rapide réveil printanier. Puis ces plantes se fanent jusqu'au printemps suivant, non sans avoir auparavant reconstitué les réserves de leur bulbe et fabriqué leurs graines.

Porte-bonheur et symbole du 1er Mai, le **muguet,** qui apparaît dès le mois d'avril, est largement convoité par les promeneurs qui parcourent la forêt à cette saison. En été, les fleurs qui ont échappé aux cueilleurs donnent un fruit rouge. Mais attention : cette jolie plante est toxique !

Pour s'orienter en forêt, il est généralement conseillé d'observer la mousse sur le tronc des arbres, car elle pousse souvent du côté nord. En réalité, ces végétaux poussent surtout à l'endroit le plus humide.

Si la cueillette des fleurs dans les forêts publiques françaises est tolérée, elle reste en principe interdite, tout comme le déterrage de racines. L'Office national des forêts autorise le ramassage de dix brins de muguet par personne, mais leur revente est interdite.

Très répandu en forêt, le **mulot sylvestre** est surtout actif la nuit : grâce à ses grands yeux proéminents, il est doté d'une excellente vue. Ce rongeur se nourrit de pousses, d'insectes ou de graines, qu'il mange à l'abri, sous une souche, où il s'est constitué des provisions. En effet, il doit être très prudent car il représente la principale source de nourriture de nombreux prédateurs qui peuplent ces lieux – renards, belettes, chouettes, chats sauvages…

Majestueux, le **cerf** se fait surtout remarquer vers septembre-octobre, époque du brame. À cette période, les mâles rassemblent les biches pour se reproduire. Ils poussent des cris rauques pour éloigner leurs concurrents et, parfois, ils se battent à grands coups de bois. Contrairement aux bovidés, qui portent leurs cornes en permanence, les cervidés ont des bois qui tombent et repoussent chaque année, en général avec une pointe supplémentaire.

Également appelé palombe, le **pigeon ramier** vit dans toute l'Europe et hiverne dans la région méditerranéenne, où les chasseurs guettent son passage dans des palombières (huttes de rondins perchées dans les arbres). Il se nourrit de fruits, de graines et d'herbes diverses. Extrêmement méfiant dans la forêt, il s'aventure pourtant régulièrement dans les parcs urbains ornés de grands arbres.

Chasseurs nocturnes, les hiboux moyens ducs passent la journée dans des conifères, où leur plumage discret les rend difficilement repérables. Seules les pelotes de rejection trouvées au pied des arbres, qui contiennent les éléments non digérés de leurs repas, trahissent leur présence.

Avant de sombrer dans son profond sommeil d'hiver, le loir se gave de fruits, mais aussi parfois d'oisillons et d'insectes. Il accumule ainsi une épaisse couche de graisse, qui lui permettra de tenir jusqu'au printemps. D'où l'expression "dormir comme un loir" !

La forêt méditerranéenne

①

②

③

④

⑤

Dès l'Antiquité, les forêts qui couvraient le pourtour du bassin méditerranéen ont subi d'importantes dégradations et laissé la place à des formations d'arbustes telles que le maquis ou la garrigue. Cette mutation concerne toutes les forêts de type méditerranéen à travers le monde.

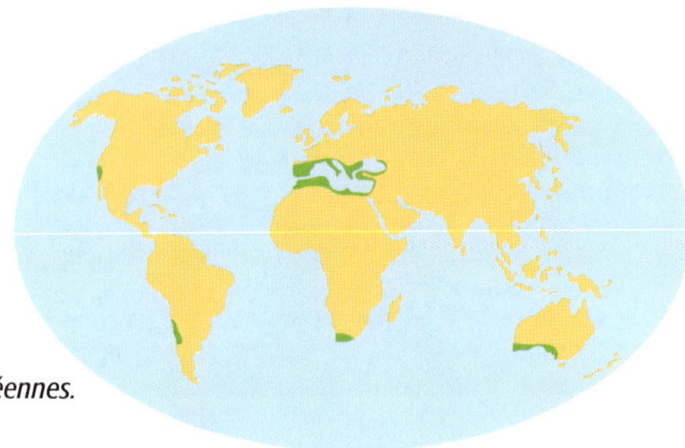

Zones de répartition des forêts méditerranéennes.

Des arbres remplacés par d'autres

La forêt méditerranéenne, qui se développe sur des sols arides généralement proches de la mer, est soumise à des climats chauds et secs en été, plutôt humides en hiver, avec un vent assez fort. Ces conditions se retrouvent au Chili (Amérique du Sud), en Australie et surtout à l'extrême sud de l'Afrique, où le *fynbos* abrite l'une des flores les plus diversifiées du monde. Originellement composée de chênes à feuilles caduques (chênes pubescents), de chênes à feuilles persistantes (chênes verts ①, chênes liège ②), d'arbousiers ③, de bruyères arborescentes ④, de caroubiers ⑤, de pins d'Alep, de thuyas... la forêt méditerranéenne a bien changé de visage. En effet, l'homme a fait disparaître certains arbres et en a introduit beaucoup d'autres, qui se sont si bien acclimatés qu'ils font maintenant partie du paysage et sont devenus communs et familiers. C'est le cas des mimosas, des palmiers, des citronniers, des bougainvilliers et autres eucalyptus.

Le fynbos *est une formation arbustive plus ou moins dense.*

On estime à 50 000 le nombre d'incendies sévissant chaque année dans la région méditerranéenne. Les zones brûlées correspondent à 0,22 % du territoire forestier national en France, à 0,07 % en Turquie et au Maroc, à 3 % au Portugal et en Israël.

Dans le fynbos *d'Afrique du Sud, les plantes se sont adaptées au feu et certaines graines ne peuvent germer* que si elles ont reçu le passage des flammes. Toutefois ces incendies ne doivent pas avoir lieu tous les ans (les plantes doivent avoir le temps de produire leurs fruits), ni être trop dévastateurs.*

Résister à la sécheresse

Pour ne pas perdre trop d'eau lors de la saison chaude, les arbres doivent limiter l'évaporation qui se produit au niveau de leur feuillage *(voir p. 36)*. C'est pourquoi de nombreuses feuilles se couvrent d'un enduit cireux. Certaines, telles celles du chêne vert, portent en outre un duvet sur leur face inférieure. D'autres plantes réduisent la taille de leurs feuilles, comme la bruyère et l'euphorbe arborescentes, ou le genévrier cade, qui possède des aiguilles pointues.

Feuilles d'un chêne vert en fleur.

Paysage de maquis dans le massif de l'Estérel, au sud de la France.

Les conséquences du feu

Les incendies, nombreux dans ces forêts, sont largement responsables de leur transformation en garrigue ou maquis. Après le passage du feu, le sol se trouve privé de sa protection végétale. Les pluies le lessivent et le ravinent, entraînant plus loin les parties riches en humus*. De ce fait, la végétation repousse difficilement, surtout si les animaux broutent régulièrement les jeunes pousses. D'où le développement, sur les milieux calcaires, de la garrigue. Très présente dans les Corbières, en Grèce, elle se caractérise par une végétation assez basse, comprenant des petits arbres comme les pistachiers lentisque et térébinthe, et des plantes aromatiques telles que le thym ou le romarin. Sur les terrains acides composés de roches cristallines (massifs des Maures et de l'Estérel du sud de la France, par exemple) s'installe le maquis. On y trouve des arbustes comme les myrtes, les cistes cotonneux et les euphorbes, qui forment d'épais fourrés. Parfois ceux-ci prennent une taille plus importante (maquis haut) avec la présence de bruyères arborescentes et d'arbousiers.

LE CHANT DES CIGALES

Dans ces forêts où la présence humaine a fait reculer ou disparaître certaines espèces de mammifères et d'oiseaux, les insectes, favorisés par la chaleur, prospèrent et restent les plus visibles. Les coléoptères butinent les fleurs, les papillons (le jason notamment) virevoltent et le criquet d'Égypte saute vigoureusement parmi les herbes. L'été, c'est le temps des cigales, et leur "cymbalisation" retentit un peu partout. Malgré la couleur vive des nervures de ses ailes, la cigale rouge est très difficile à découvrir dans le feuillage. N'en déplaise à La Fontaine, quand la bise arrive, la cigale est morte depuis longtemps, dès la fin août !*

Sur la face nord du massif de la Sainte-Baume, en Provence, s'est maintenue une hêtraie. Dans cette véritable oasis de fraîcheur furent installées au XVIIe siècle de nombreuses glacières. On y conservait la glace de l'hiver jusqu'en plein été, pour la vendre à Marseille.

Arbuste typiquement méditerranéen, le pistachier lentisque produit une résine à forte odeur. Cette dernière est employée par les dentistes pour la confection de ciments dentaires et entre aussi dans la composition de certains vernis.

Les forêts sèches

Formes intermédiaires entre la forêt tropicale humide et la savane herbeuse, ces forêts poussent dans des régions soumises à une longue période sèche, que même une intense saison des pluies ne peut compenser. Présentes sur la plupart des continents, elles sont généralement clairsemées.

Dans les forêts sèches, les racines des plantes à rhizomes ou à tubercules sont consommées par des peuples de chasseurs-cueilleurs, comme les Bochimans ou les Pygmées du sud de l'Afrique par exemple. Non seulement ces racines constituent un apport de nourriture appréciable, mais elles sont disponibles en toute saison.

L'encens provient de la résine d'un arbre des forêts sèches (Boswellia sacra carteri). *Lorsqu'il se consume, il dégage une épaisse fumée odorante qui parfume et assainit l'atmosphère : la respirer est censé élever l'âme. Voilà pourquoi l'encens est volontiers utilisé dans les temples et les églises.*

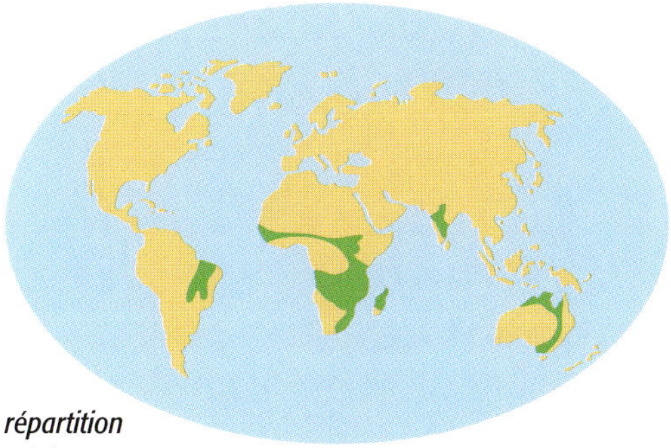

Zones de répartition des forêts sèches.

Clairsemées ou riches en hautes herbes

On peut distinguer plusieurs types de forêts sèches à travers le monde. Tout d'abord, on trouve les forêts claires de feuillus. En Inde, elles sont souvent composées de sals, de grands arbres très répandus dans ce pays et qui fournissent du bois précieux. En Australie, ce sont les eucalyptus qui dominent. Au Brésil, on trouve les *campos*, sorte de savane arborée typique de ce pays. Les savanes arborées tropicales, plus ou moins denses et tapissées de très hautes herbes, sont le propre de l'Afrique, de l'Amérique du Sud et de Madagascar.

Une mousson bénéfique

Curieusement, dans ces forêts, les fleurs apparaissent avant les feuilles, durant la période la plus chaude, quand tout est sec et désolé. Cette astuce permet aux graines d'atteindre leur maturité pour la période des pluies et de germer* alors sans problème. En Inde, par exemple, la mousson arrive après les torrides journées de juin. Dès les premiers jours, toutes les graines se mettent à germer et une végétation exubérante se développe là où tout n'était que poussière et sécheresse. Les plantes à rhizomes* ou à tubercules*, grâce à leurs réserves alimentaires, sortent elles aussi très rapidement dès les premières gouttes de pluie. Les insectes éclosent à la même saison, entraînant l'apparition de batraciens, de reptiles et de nombreux oiseaux insectivores, qui en profitent pour se reproduire. Les carnivores ne sont pas en reste : la végétation épaisse leur procure des cachettes d'où ils peuvent chasser.

Dans la savane arborée de Madagascar, des baobabs émergent çà et là parmi les acacias épineux.

Le banian peut former une forêt à lui seul ! Ses racines qui pendent des branches s'implantent lorsqu'elles touchent le sol pour former de nouveaux troncs. Le banian du jardin botanique de Calcutta compte plus de 1 000 troncs et couvre une surface de 15 000 m² – soit deux terrains de football ! Le tronc d'origine, lui, a disparu.

En Inde, les sous-bois sont envahis par la fameuse "herbe à éléphant" qui atteint 5 m de hauteur. En se mêlant aux branches basses des arbres, elle forme des fourrés impénétrables qui ne peuvent, justement, être parcourus qu'à dos d'éléphant.

Des herbivores remarquables

Parmi les animaux typiques des forêts sèches, on distingue quelques herbivores célèbres pour leur physique particulier. Certains ne se rencontrent que dans des régions bien délimitées.

Les **lémuriens** sont des animaux typiques de Madagascar. L'île s'étant séparée des côtes africaines il y a plusieurs dizaines de millions d'années, ces primates primitifs ont poursuivi une évolution différente de celle des singes africains, qui sont en quelque sorte leurs cousins. Diurnes ou noctures selon les espèces, ils se déplacent à quatre pattes ou bondissent d'arbre en arbre. Omnivores, ils mangent plutôt des plantes, des fruits ou des insectes.

Mesurant 2 m au garrot, le **gaur** est un bovidé qui se reconnaît à sa grosse bosse dorsale et à ses "chaussettes" blanches. Il est toutefois rare de rencontrer ce grand timide qui se cache au cœur des forêts de l'Est asiatique, où il vit en petits troupeaux d'une dizaine d'individus. Il ne sort brouter en lisière que le matin de bonne heure ou en soirée, quand les rayons du soleil ne sont pas trop forts. Adulte, sa puissance est telle que même le tigre hésite à l'attaquer.

L'**éléphant d'Asie** est plus forestier que son cousin africain. Bien qu'il soit souvent domestiqué, il reste des hordes sauvages importantes dans les forêts d'Inde, du Sri Lanka, d'Indochine, et au pied de l'Himalaya. Dans certaines de ces zones, souvent surpeuplées, l'éléphant a du mal à trouver assez de place pour vivre et les conflits avec les agriculteurs indigènes sont fréquents.

En Afrique, la savane arborée constitue une réserve alimentaire que mettent à profit les grands herbivores tels que les éléphants : ils doivent en effet manger au moins 200 kg de végétaux par jour !

Le rôle des termites dans le recyclage du bois mort en forêt sèche est primordial. Certains digèrent le bois grâce à des micro-organismes (des bactéries notamment) qui vivent dans leur tube digestif. D'autres attendent que des champignons l'aient ramolli et rendu plus digeste pour le consommer.

Le **koala** est un marsupial* à l'aspect d'ours en peluche, qui passe son temps dans les grands eucalyptus australiens. À sa naissance, le minuscule embryon, qui pèse environ 6 g, passe dans la poche de sa mère, où il reste 6 mois avant de monter sur son dos. Son odorat très développé lui permet de reconnaître les différentes espèces d'eucalyptus. En effet, il est difficile et n'en consomme que certaines, à raison de 2,5 kg par jour pour un adulte. Actif surtout la nuit, il passe 18 à 20 heures par jour à se reposer et à dormir.

Avec son cou démesuré (jusqu'à 2 m), la **girafe** n'a pas de concurrents lorsqu'elle broute les feuilles des grands arbres des savanes arborées d'Afrique. Sa langue de 45 cm lui permet de happer une par une les feuilles des acacias, ces arbres très épineux. Elle peut courir à plus de 55 km/h pour échapper aux prédateurs et ses coups de sabots sont très dangereux, même pour les lions. En revanche, son long cou la handicape lorsqu'elle boit : pattes avant très écartées, elle devient vulnérable. C'est à ce moment qu'elle doit rester vigilante afin de ne pas être victime de prédateurs.

Le **nilgaut** est une grande antilope de la taille d'un cheval qui vit exclusivement dans le nord de l'Inde. Appartenant à la famille des bovidés, il est vénéré par les hindous. Il se nourrit de diverses plantes et se dresse même sur ses pattes arrière pour manger des feuilles que les autres animaux ne peuvent atteindre. Le mâle, au pelage gris bleuté, marque son territoire à l'aide de tas de crottes. La femelle et les jeunes ont un pelage fauve plus discret.

Outre l'utilisation de ses racines en parfumerie, le vétiver est une graminée qui est abondamment plantée pour favoriser le reboisement des forêts sèches menacées. En effet, ses racines, en retenant très bien l'humidité et en fertilisant le sol, facilitent le développement des jeunes arbres.

Pour assimiler les feuilles toxiques des eucalyptus dont il se nourrit, le koala possède un intestin très long dans lequel des bactéries vivent en symbiose avec l'animal. Transmises par la mère, celles-ci neutralisent la toxicité des feuilles.

Les forêts tropicales

Situées de part et d'autre de l'équateur, dans les régions du globe où les pluies sont les plus abondantes, les forêts tropicales sont également appelées "forêts pluviales", ou encore "forêts ombrophiles", car le soleil peine à pénétrer cette végétation très dense. Ces milieux comptent parmi les plus riches de la planète.

Les forêts tropicales couvrent 17 % des terres émergées. Les températures moyennes y dépassent 21 °C et les précipitations 2 000 mm par an. Elles abritent 40 % de toutes les espèces animales et végétales du globe. On peut y trouver 100 espèces d'arbres différentes par hectare.

Bien souvent, les bûcherons n'abattent qu'un seul arbre par hectare. Mais pour l'atteindre avec leurs engins, ils endommagent plus de la moitié des arbres de la zone. Or ces derniers, même s'ils ne sont pas des essences commercialisables, jouent un rôle important dans la forêt.*

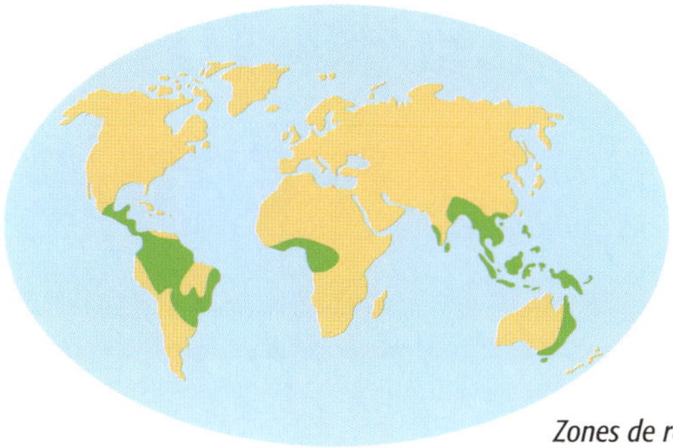

Zones de répartition des forêts tropicales.

Dans l'enfer vert

Les botanistes ont décrit plus de quarante sortes de forêts ombrophiles différentes. La diversité végétale y est telle qu'il faut souvent faire un long chemin avant de rencontrer deux fois la même espèce de plante ! Les arbres émergents dépassent les 50 m de hauteur. Ils dominent le haut du feuillage des arbres de la strate arborescente (entre 25 et 50 m au-dessus du sol), aussi appelé canopée. C'est à ce niveau que la vie est la plus intense, mais aussi la moins connue. Baignées de lumière, les feuilles et les fleurs s'y épanouissent et sont visitées par une multitude d'insectes et d'oiseaux. Les arbres de l'étage inférieur sont souvent couverts de lianes. En dessous, le sous-bois, faute d'une lumière suffisante, peine à se développer.

Un géant aux pieds d'argile

Malgré l'impression de puissance qui se dégage de cette profusion d'arbres immenses, ce milieu est loin d'être indestructible. Dès que les vieux arbres chutent, les trouées de lumière ainsi créées permettent aux arbres plus jeunes de se développer. Mais comme le moindre déchet tombé sur le sol est aussitôt recyclé (*voir p. 25*), la couche de terre reste mince et les racines des arbres, plutôt que de s'ancrer en profondeur, n'ont qu'à courir à la surface du sol pour trouver de la nourriture. Pour se maintenir, les arbres se parent alors de racines-échasses (*voir p. 56-57*) ou d'importants contreforts (renflements au niveau de leur pied). Cela leur évite d'être déracinés en cas de cyclones. Toutefois, si la forêt ombrophile est détruite sur une grande surface, le sol se voit rapidement lessivé par les pluies et il devient stérile. La reconstitution de la forêt primitive est alors très difficile.

Depuis des temps ancestraux, les chamans (prêtres-sorciers) des forêts équatoriales se transmettent oralement un savoir considérable sur l'usage des plantes. À cause des menaces qui pèsent sur les peuples des forêts et leurs modes de vie, ils sont en voie de disparition, et avec eux leurs irremplaçables connaissances.

Pour étudier la canopée, les chercheurs utilisent le radeau des cimes. Ce vaste dispositif gonflable leur permet de se poser sans dommage sur le haut des arbres pour en explorer la remarquable biodiversité.

Une jungle haute en couleur

Au sein de la végétation luxuriante, certaines espèces tentent de se camoufler tandis que d'autres se font remarquer par des couleurs éclatantes.

Beaucoup de plantes n'ont pas la puissance des arbres pour monter vers la lumière. Les **lianes épiphytes**, elles, disposent de petites astuces pour se hisser toujours plus haut sur leurs supports. Celles qui sont pourvues de petits crampons capables de s'accrocher avec fermeté semblent ramper sur l'écorce des troncs. D'autres progressent en émettant des vrilles qui s'enroulent autour des moindres tiges. Tous ces exercices de grimpe ne les empêchent pas de se parer parfois de fleurs impressionnantes, comme celles de cette liane de jade de Guadeloupe.

Présents dans les Caraïbes et en Amérique du Sud, les **héliconias** sont des plantes de sous-bois humides dont les souches se reproduisent en émettant de nombreuses plantules. Les inflorescences* peuvent mesurer 30 cm à 2 m de longueur. De la base de l'inflorescence partent des bractées (feuilles spécifiques à cette partie), souvent colorées de jaune et de rouge. Les autres feuilles de l'héliconia forment de grandes palmes ovales vertes.

L'**okapi** est l'un des grands animaux (2 m au garrot) qui fréquentent les forêts tropicales africaines. De la même famille que les girafes, il porte sur l'arrière-train des rayures semblables à celles du zèbre. Très prudent, il se retire dans la journée au plus profond de la forêt et ne sort que la nuit pour manger des feuilles et des fruits, qu'il collecte au moyen de sa longue langue. Cette discrétion l'a longtemps aidé à passer inaperçu, si bien qu'il n'a été découvert qu'au début du XXᵉ siècle !

Certaines grenouilles utilisent les réserves d'eau des plantes épiphytes pour y déposer leurs têtards. Comme la place est réduite et la nourriture peu abondante, elles n'en mettent qu'un par plante et reviennent chaque jour y pondre un œuf stérile, afin que le têtard se nourrisse.

La forêt tropicale est un immense réservoir de plantes médicinales : 60 % de la population mondiale en dépendraient pour se soigner. Au Kenya, 40 % des plantes utilisées proviennent des forêts locales et, en Amazonie, une équipe d'ethnobotanistes a déjà enregistré plus d'un millier de plantes utilisées par les Indiens.

Le **margay**, ou chat-tigre, habite les forêts tropicales d'Amérique du Sud. Sa légèreté aidant, il chasse en haut des arbres des proies composées principalement d'oiseaux. Ce félin de la taille d'un gros chat est très agile : il est capable de descendre en courant le long des immenses troncs. La femelle peut avoir jusqu'à 2 portées de 4 petits par an.

PIGMENT ROUGE

Le rocou est un petit arbre originaire des forêts d'Amérique centrale. Ses fleurs sont abondantes et ses fruits ressemblent à des espèces de gousses épineuses plus ou moins rouges ou orangées. Elles contiennent des graines que les Indiens broient pour se peindre le corps. Peinture de guerre parfois, mais surtout protection contre les insectes et le soleil, ce produit est maintenant employé dans le monde entier comme épice.

Le bec crochu et les pattes munies de fortes griffes du **perroquet** pourraient faire croire que l'on a affaire à un prédateur. Pourtant, son bec puissant et sa langue ne lui servent qu'à décortiquer les graines et les fruits dont il se nourrit. Quant aux griffes, elles sont bien utiles pour faire des acrobaties dans les branches. Malgré des couleurs très vives, il n'est pas toujours facile de voir cet oiseau qui évolue au sommet de la canopée amazonienne. Ce sont surtout ses cris puissants qui permettent de le localiser.

Parmi les nombreuses espèces de la famille des **broméliacées***, dont l'ananas fait partie, beaucoup sont épiphytes : elles vivent sur d'autres plantes, les utilisent comme support, mais ne les parasitent pas. Accrochées au sommet des arbres bénéficiant de la lumière, leurs feuilles forment à leur base un réservoir dans lequel l'eau s'accumule. Cette réserve est utile à la plante mais aussi à de nombreux animaux, comme les oiseaux, qui viennent s'y abreuver. Certains insectes ou batraciens y passent même toute leur vie. Ici une inflorescence d'*Aechmea* du Costa Rica.

Pour mieux se déplacer à travers la jungle très dense, de nombreux animaux ont adopté une taille naine. C'est le cas des rhinocéros des îles de la Sonde, en Indonésie, ou encore, en Afrique, de la minuscule antilope royale, de l'éléphant de forêt et de l'hippopotame nain.

Les morphos, de magnifiques papillons d'Amazonie, sont très recherchés pour leur couleur bleu métallique qui, contrairement à celle des pigments classiques, ne disparaît pas en cas de contact prolongé avec la lumière.

La tête dans les nuages

En altitude, la température baisse et la végétation se transforme. Dans les régions tropicales, ce phénomène crée des îlots de fraîcheur et de brume au cœur des forêts, à la chaleur habituellement étouffante.

Les fougères arborescentes peuvent atteindre 35 m de hauteur dans les forêts tropicales d'altitude.

Changement d'atmosphère

Lorsque l'on gravit les montagnes boisées des régions tropicales, la température chute en moyenne de 0,4 à 0,7 °C tous les 100 m. À partir de 1 800 m, la fraîcheur relative accroît la condensation de la vapeur d'eau contenue dans l'air : on se déplace dans des zones de brouillard épais où l'air est complètement saturé par l'humidité. Les arbres s'ornent de mousses et de longs lichens qui leur donnent un aspect fantomatique au cœur de la brume. En pénétrant dans le domaine des fougères arborescentes, on a l'impression de marcher sur des éponges, car l'humidité et la fraîcheur rendent la décomposition de la matière plus difficile. Une couche de végétaux acides non décomposés vient recouvrir le sol, empêchant les arbres de bien se nourrir. Ils poussent mal et de façon chétive. Les grands troncs rectilignes de la forêt tropicale laissent alors la place à des arbres torturés beaucoup plus ramifiés.

Anciens volcans d'Afrique

Situés autour du lac Victoria, les plus hauts sommets d'Afrique sont d'anciens volcans. Le Kilimandjaro (en Tanzanie, à la frontière du Kenya) est le plus haut d'entre eux (5 895 m). La zone montagneuse du Ruwenzori (entre le Congo et l'Ouganda), encore appelée montagne de la Lune, est couverte d'une forêt ouverte et lumineuse, ce qui permet à une importante végétation de se développer. Dans certaines montagnes du Congo et du Rwanda survivent quelques centaines de gorilles. Vivant principalement dans les vallées à fougères arborescentes et sur les pentes couvertes de bambous, ces grands singes (près de 2,70 m) se nourrissent de plantes et de fruits.

Ce gorille de montagne du Rwanda appartient à une espèce en voie de disparition.

Au Honduras, la forêt ombrophile et ses alentours, situés dans le parc national de la Tigra, retiennent l'eau comme une véritable éponge au niveau des racines et du sol. Si la forêt était détruite, la capitale du pays, Tegucigalpa, connaîtrait une véritable pénurie en eau.

Le lagopède des saules est un oiseau qui habite les montagnes du nord de l'Europe et les régions boréales (Alaska et nord de l'Asie notamment). Pour mieux se fondre dans son environnement, son plumage change de couleur au fil des saisons : brun-gris en été, il s'éclaircit à l'automne pour devenir tout blanc en hiver.

Sommets d'Asie

Point culminant de l'île de Bornéo, le mont Kinabalu (4 175 m) abrite de nombreuses plantes extraordinaires, en particulier les népenthès *(voir encadré)*. Dans la région pousse également la plus grosse fleur du monde, la rafflesia, qui mesure jusqu'à 1 m de diamètre. Son odeur épouvantable est destinée à attirer les insectes pollinisateurs. Au Sri Lanka, dans la région des Hortons Plains, située à plus de 2 100 m d'altitude, règnent des conditions idéales pour la végétation : le soleil brille le matin, puis les nuages s'accumulent et de fortes pluies s'abattent sur la forêt à partir de 15 heures. Cette humidité permet aux plantes de prospérer, en particulier les fougères arborescentes. En Chine, enfin, sur les contreforts de l'Himalaya, s'étendent les Alpes du Sichuan. Leur forêt, essentiellement composée d'arbres à feuilles caduques, de pins et de bambous, abrite un animal célèbre : le panda géant *(voir DVD, chap. 4)*.

Le panda géant vit sur un espace réduit et ne consomme que quelques espèces de bambous qui se font de plus en plus rares ; il est menacé d'extinction.

Il est bien rare d'apercevoir le sommet du mont Kinabalu (Bornéo), souvent noyé dans la brume.

Hauts plateaux d'Amérique du Sud

Au cœur de la forêt équatoriale du Vénézuela se dressent les "tepuys", des plateaux rocheux dont l'altitude varie de 1 200 à 3 000 m. Leur altitude et leur isolement par rapport au reste de la forêt les font ressembler à des îles dressées au milieu d'un océan de verdure. Une flore particulière comprenant beaucoup d'espèces endémiques* s'y est développée. Le climat y est très rude, soumettant tour à tour les plantes aux brumes, à la pluie, au vent violent et à un ensoleillement intense qui entraîne de brusques variations de température. Selon les sommets, on rencontre des forêts d'arbres nains, des plantes de savanes ou de tourbières acides. Dans ce monde hostile, les plantes carnivores sont abondantes, en particulier celles du genre Heliamphora.

AU ROYAUME DES PLANTES CARNIVORES

Dans les forêts équatoriales d'Amérique du Sud et d'Asie poussent de nombreuses plantes carnivores. À Bornéo, les népenthès sont des plantes grimpantes dont les feuilles forment des urnes pouvant mesurer jusqu'à 50 cm de haut. Remplies de liquide digestif, ces urnes constituent des pièges pour les insectes et les petits animaux qui tombent dedans. Leurs cousines du Vénézuela, du genre Heliamphora (ci-contre), agissent de même. Cette tactique permet à ces plantes de compléter la nourriture que leurs racines ne peuvent leur fournir lorsqu'elles poussent dans un milieu trop pauvre.

Tout comme l'altitude, la latitude joue un rôle dans l'étagement et la composition de la végétation. Ainsi, on ne trouve plus d'arbres au-delà de 600 m d'altitude en Scandinavie tandis que, au niveau de l'équateur, les arbres poussent jusqu'à 3 900 m.

La plus grande forêt d'altitude d'Afrique se trouve dans le parc national de Nyungwe, au Rwanda. Elle s'étend sur 1 000 km² et abrite 200 essences d'arbres différentes, 13 espèces de primates et 300 oiseaux, sans oublier les milliers d'espèces d'insectes et de fleurs.*

Les pieds dans l'eau

Portés par leurs racines enchevêtrées, les arbres de la mangrove ne craignent pas l'eau salée ! Dans ce milieu exceptionnel, tout se passe comme si chaque espèce vivait aux limites du supportable.

Certains pays comme le Bengladesh, l'Indonésie ou la Guinée, qui ont détruit leurs mangroves en quelques décennies, se sont aperçus tardivement de l'intérêt de ces milieux. Ils sont aujourd'hui contraints de les reconstituer à grands frais.

La largeur des mangroves qui bordent les côtes est très variable. Elles peuvent ne mesurer que quelques mètres ou, au contraire, s'étendre jusqu'à plus de 100 m derrière la ligne du littoral, comme au sud-est de Sumatra.

Un milieu unique

Dans les zones tropicales, la mangrove s'installe le long des côtes, tout particulièrement à l'embouchure des fleuves, riche en apports vaseux. Ainsi, elle constitue souvent une zone de transition entre les forêts pluviales et la mer. Les conditions écologiques y sont difficiles : alternance d'eau douce et d'eau salée, immersions journalières par la marée, sol très pauvre en oxygène... Malgré ces inconvénients, une flore très dense s'y est développée. Les palétuviers de différentes espèces y sont les arbres les plus répandus. Pour se maintenir dans le sol vaseux, ils développent des racines-échasses en forme d'arceaux (photo ci-contre). Ils émettent aussi des pneumatophores (racines aériennes) pour respirer *(voir p. 36)*. Dans les eaux saumâtres, mélange d'eau douce et d'eau de mer, on trouve également d'épais massifs de palmiers nipa et, par endroits, quelques pandanus, des arbres proches des palmiers.

Le périophtalme est un poisson qui passe plus de temps à l'air libre que dans l'eau.

L'utilité de la mangrove

Difficile à pénétrer et dégageant par endroits de mauvaises odeurs, la mangrove participe néanmoins à l'équilibre naturel des zones côtières tropicales. En fixant la vase apportée par les fleuves et les courants dans le réseau de ses racines, elle joue un rôle épurateur et gagne de nouveaux espaces sur la mer. Ceux-ci seront ensuite conquis par la terre ferme pour donner une plaine riche favorable aux cultures. La mangrove protège donc aussi la côte de l'érosion*. Gérée sans excès, cette forêt procure aux habitants du bois de chauffage et des éléments de construction pour leurs maisons. Quant aux feuilles des pandanus, elles sont utilisées pour fabriquer des paniers et des nattes.

Une faune étrange

La mangrove abrite une faune particulière et variée. Le périophtalme est un curieux poisson qui passe la moitié de son temps sur les racines des palétuviers ou dans la vase. Ses nageoires ventrales forment une sorte de ventouse qui lui permet de se fixer sur les racines, tandis que ses nageoires antérieures coudées lui servent de pattes pour ramper sur la vase. Il se nourrit d'insectes et épate les femelles en déployant sa nageoire dorsale. Il rétracte régulièrement ses yeux proéminents pour les humidifier dans une poche spéciale. Les périophtalmes côtoient parfois les crabes violonistes, reconnaissables à leur pince énorme qu'ils agitent régulièrement pour courtiser les femelles ou repousser les autres mâles. L'autre pince, en forme de cuillère, leur permet de récupérer à la surface de la vase leur nourriture, constituée d'algues et de plancton. Ils vivent dans un terrier qu'ils aménagent à marée basse, et s'y réfugient à marée haute en prenant soin d'y préserver une bulle d'air qui leur permettra de respirer. Sur les racines-échasses des palétuviers, on trouve également des huîtres qui filtrent l'eau pour se nourrir des particules qu'elle contient. De nombreux échassiers, enfin, fréquentent les mangroves, en particulier les hérons et les aigrettes, qui se nourrissent principalement de poissons.

Parfaitement asymétrique, le crabe violoniste a une pince de taille nettement plus importante que l'autre.

Le palétuvier possède une graine qui se développe sur l'arbre jusqu'à former un fruit tout en longueur et très lourd. Quand celui-ci se détache et tombe, sa pointe se fiche dans la vase. De cette façon, il peut germer sur place sans craindre d'être entraîné par les marées.*

Comment se nourrir d'insectes qui volent quand on vit dans l'eau ? Le poisson archer, qui habite les mangroves, semble avoir trouvé la solution : il projette une giclée d'eau d'une dizaine de centimètres sur ses proies pour les faire chuter.

La forêt boréale

Poussant très au nord, dans des régions aux hivers particulièrement froids et sombres, la forêt boréale est la plus vaste du monde.

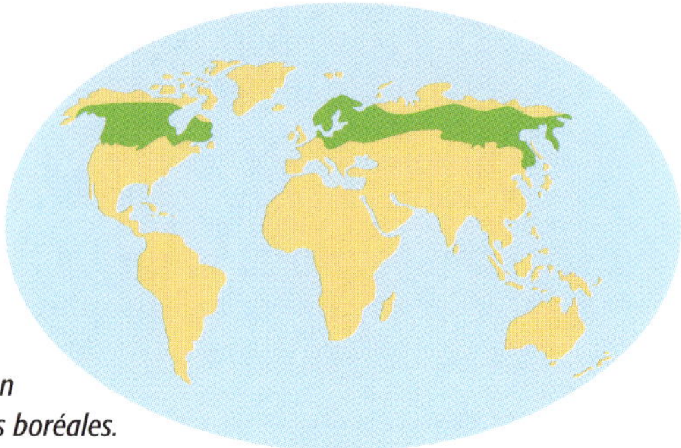

Zones de répartition des forêts boréales.

Gigantisme, froid et monotonie

Du Canada à la Finlande (photo ci-contre) en passant par le nord de l'Asie, la forêt boréale s'étend le long d'une bande de 6 000 km de large qui ceinture tout le haut du globe. Les conditions de vie de ce vaste domaine d'environ 12 millions de km² sont si extrêmes que seules quelques espèces d'arbres y survivent. Elles créent une impression de puissance, mais aussi de monotonie, car on peut voyager longtemps et ne croiser que quatre genres de conifères : épicéas, sapins, pins et mélèzes ; une biodiversité végétale extrêmement pauvre comparée à la richesse des zones tropicales.

S'adapter à des conditions extrêmes

À ces hautes latitudes, le sol n'est ensoleillé qu'en été et les arbres ne réussissent à pousser que durant ces quatre mois. Le reste du temps, les températures sont très basses et la lumière est extrêmement faible, voire absente. En hiver, les conifères bloquent leur transpiration pour éviter de se déshydrater et de geler. Dans les zones situées les plus au centre et au sud de la bande couverte par la forêt boréale, quelques feuillus résistants viennent rompre la monotonie. Le bouleau, l'un des plus caractéristiques d'entre eux, couvre de grandes parties de la taïga* sibérienne. On trouve aussi des saules, des peupliers, des aulnes, sans oublier les magnifiques érables des forêts du Grand Nord canadien. La chute de leurs feuilles au début de la saison froide leur évite, là encore, de se déshydrater et de geler.

La forêt boréale produit environ 40 % du bois d'industrie utilisé dans le monde et représente presque 90 % du volume de conifères sur pied de notre planète. La capacité de repousse des conifères et les lois de protection de la forêt font qu'elle n'est pas en danger aujourd'hui.

Au cœur de la Sibérie, les températures peuvent chuter jusqu'à – 70 °C en hiver et monter jusqu'à 35 °C en été, soit une différence (ou amplitude thermique) de plus de 100 °C ! En règle générale, l'amplitude thermique moyenne des zones de forêts boréales est d'environ 60 °C.

Au nord de la forêt boréale, dans les régions proches du cercle polaire, une formation végétale particulière parvient à pousser sur le sol gelé presque en permanence : la toundra. Celle-ci se compose essentiellement de mousses et de lichens, parfois accompagnés de bouleaux nains.

Dans *Construire un feu*, Jack London (1876-1916) décrit la survie d'un trappeur parti en expédition dans le Grand Nord canadien, aux confins de l'Alaska, par – 40 °C. Une magnifique nouvelle où la survie de l'homme face à l'hostilité de la nature ne dépend plus que de ses connaissances et de ses capacités physiques.

Des animaux peu frileux

La forêt boréale, royaume glacial dominé par les conifères, abrite de nombreux animaux remarquablement adaptés à des conditions de vie extrêmes.

Le **lemming des forêts** est un petit rongeur qui vit dans un terrier aux nombreuses galeries. Il y aménage un nid d'herbes sèches et se nourrit de différents végétaux, dont des mousses et des lichens. Il se reproduit chaque année, mais prolifère particulièrement tous les 4 ans, avec des pics tous les 10 ou 12 ans. Durant ces années où il est particulièrement abondant, il attire les prédateurs (ours, renards, chouettes, martres…) qui viennent profiter de cette nourriture. Le lemming habite les sous-bois denses et riches en mousse des taïgas* de Suède, de Finlande et de Sibérie.

Son abondante fourrure lui donne du volume, mais le **renard polaire** est en réalité plus petit que le renard roux. Son pelage s'éclaircit à l'approche de l'hiver, jusqu'à devenir tout blanc. Lorsqu'il dort, sa queue touffue protège son museau et ses pattes du froid. Durant l'hiver, il n'hiberne pas et suit souvent les grands prédateurs pour manger leurs restes. L'été, il se nourrit surtout de fruits et de rongeurs. Sa population dépend beaucoup de celle des lemmings, qui constituent sa principale nourriture. On le trouve essentiellement au nord du cercle polaire, parfois plus au sud (Scandinavie, Russie).

Le territoire du **grand tétras**, aussi appelé "coq de bruyère", s'étend du Grand Nord jusqu'à la plupart des montagnes européennes, où il est toutefois assez rare car il craint d'être dérangé par l'homme. Au printemps, les mâles paradent et s'affrontent afin de conquérir les femelles, au discret plumage tacheté de marron.

L'**ours noir** vit aussi bien dans les forêts tempérées du nord des États-Unis que dans les régions boréales. En hiver, il hiberne dans une profonde cachette (en général une grotte) au cœur de la forêt. À cette période, la femelle donne naissance à un ou deux oursons. Bien connu pour son habileté à pêcher les saumons qui remontent les torrents, l'ours noir mange aussi de jeunes cervidés, des rongeurs (le lemming notamment), des pousses de plantes, des framboises arctiques et, bien sûr, le miel des nids d'abeilles sauvages.

Le tigre de Sibérie est le plus grand félin du monde. Ce chasseur nocturne vit principalement dans les forêts de montagne de Sibérie et de Mandchourie (Chine du Nord-Est). Fortement menacé par la destruction de la forêt et le braconnage, il n'en subsisterait plus que 400 individus.

Pour lutter contre le froid, les insectes des régions boréales remplacent une partie de leurs tissus susceptibles de geler par du glycérol. Ce liquide visqueux, qui agit comme un antigel, les protège des chutes de température jusqu'à – 50 °C.

Du Grand Nord aux montagnes européennes, le **bec-croisé** profite au mieux de l'abondante nourriture que lui procurent les conifères. Comme son nom l'indique, il a développé un remarquable outil pour extraire les graines de leurs cônes. Il glisse son bec sous l'écaille pour saisir la graine et la tirer, ce qui a pour effet de fendre l'écaille. On reconnaît ainsi les cônes visités par ces oiseaux. Ce passereau consomme aussi des insectes, notamment les moustiques qui abondent pendant la courte période estivale.

Très répandu à l'origine des pays du Nord au sud de l'Europe, le **loup** a été traqué au point de disparaître de régions entières, notamment en raison des ravages causés aux troupeaux. Toutefois, on le protège dans différents pays tels que le Canada, pour s'opposer à la multiplication des cervidés. Le loup chasse en meutes au sein desquelles s'établit une hiérarchie très stricte. Il vit plutôt la nuit et évite les contacts avec l'homme.

Avec ses 2 m au garrot, l'**élan**, aussi appelé orignal en Amérique du Nord, est le plus grand cervidé du monde. Il fréquente toutes les forêts boréales où il trouve en abondance une nourriture composée d'herbes et de jeunes pousses. Il apprécie également les étendues d'eau et leurs feuilles de sagittaire et de nénuphar. Pour se protéger des insectes, il se roule volontiers dans la boue, qui forme en séchant une croûte protectrice sur son pelage. L'hiver, il consomme des aiguilles de pins, des écorces et quelques lichens.

DES NUÉES DE MOUSTIQUES

Avec le dégel, les œufs des moustiques Aeda éclosent. Les larves prolifèrent alors dans les marécages et les poches d'eau pour libérer bientôt des nuées affamées, qui se jettent sur la plupart des animaux. Minuscules et inoffensifs en apparence, les moustiques, omniprésents de juin à début septembre, obligent les rennes à migrer vers les hauts plateaux, où le vent limite leur présence. Malgré ces inconvénients, ces insectes procurent une nourriture importante aux nombreux oiseaux migrateurs qui viennent nidifier dans ces régions pendant l'été.

L'écorce du bouleau est utilisée par les Indiens du Canada pour fabriquer des canoës robustes et légers. Ils assemblent cette écorce au moyen de petites racines d'épinette blanche, qui constituent un lien végétal très robuste, et rendent les coutures étanches avec de la résine et de la graisse d'ours fondues.

Créée en 1670, la Compagnie de la baie d'Hudson était célèbre pour la traite des fourrures au Canada. Pour faciliter le commerce entre les trappeurs, la Compagnie avait fixé comme monnaie d'échange standard la peau de castor : un fusil en valait 4, une couverture 2, un chapeau 1.

Les forêts d'un autre âge

Les forêts qui couvraient la Terre il y a des centaines de millions d'années étaient bien différentes de celles que nous pouvons voir aujourd'hui. On a pu reconstituer l'histoire de cette longue évolution grâce à l'étude des plantes dont on a retrouvé les fossiles*.

Le ginko, un arbre qui a défié tous les dangers depuis son apparition sur Terre à l'ère secondaire, semble prêt à affronter l'ère industrielle. Il est en effet souvent planté dans les villes, où il supporte bien la pollution.

La plupart des plantes du carbonifère ont disparu. Celles qui nous sont parvenues, comme les conifères, occupent souvent des milieux difficiles. D'autres (mousses, prêles et fougères) existent aujourd'hui sous des formes plus petites. Seules quelques fougères arborescentes tropicales atteignent plus de 35 m de hauteur.

De la cellule aux premiers arbres

Les premières plantes sont apparues dans l'eau ; elles ne comportaient qu'une seule cellule. Elles ont ensuite colonisé les milieux terrestres. Ces algues unicellulaires existent encore aujourd'hui – par exemple sous forme d'une poudre verte qui recouvre les troncs des arbres. Pour ces espèces primitives, l'enjeu était primordial : il fallait se nourrir, respirer, se reproduire. C'est pourquoi les cellules se sont peu à peu regroupées et spécialisées. Au début, à la manière des mousses, elles ne possédaient ni feuilles, ni tiges, ni racines, ni fleurs. Petit à petit, elles ont eu besoin de racines pour s'accrocher et puiser l'eau, et d'un tronc plus rigide pour se dresser vers la lumière. C'est ainsi que les premières grandes plantes sont nées il y a 320 millions d'années (période du carbonifère). Vers –300 millions d'années *(voir dessin)*, fougères, prêles et lycopodes géants, qui atteignaient 30 m de hauteur, ont peu à peu formé de vastes forêts très denses dans des zones marécageuses : un immense univers végétal sans fleurs ni chants d'oiseaux.

Naissance des fleurs et des graines

Il y a 290 millions d'années, des graines primitives se sont formées chez certaines fougères. C'est chez les gymnospermes, des végétaux à graines nues comme les conifères (cèdres, pins, sapins, séquoias), que sont apparues les premières graines formées à la suite d'une fleur, et simplement protégées par les écailles du cône. Les conifères ont dominé l'ensemble des terres émergées et atteint leur apogée de –200 à –130 millions d'années (au jurassique), en même temps que les dinosaures *(voir DVD, chap. 4)*. Contrairement à ces derniers, les conifères n'ont pas disparu. Mais sur les vingt mille espèces qui s'épanouissaient à cette période, il n'en reste que six cents.

Les plantes à graines cachées

Ce n'est qu'au début de l'ère tertiaire (vers – 65 millions d'années) que se sont manifestées les angiospermes (ou plantes à graines cachées), dont les graines sont enfermées dans un fruit issu d'une fleur. Elles ont donné les principaux feuillus que nous connaissons. Ces arbres, plus évolués, ont fini par devenir les plus nombreux.

Avec les fleurs à pétales, telles celles du magnolia, ont également surgi les premiers pollinisateurs. Puis, lentement, plantes et insectes ont évolué en parallèle, pour adopter des morphologies complémentaires *(voir p. 12-13)*.

Après s'être épanouie sur des terrains marécageux, la forêt du carbonifère fut ensevelie par différents cataclysmes. De sa décomposition, qui se fit de façon incomplète, résulta la formation de houille (charbon).

L'ambre est une résine fossile dans laquelle ont parfois été englués de minuscules insectes. Elle constitue une véritable mine pour les entomologistes : ces scientifiques peuvent en effet étudier grâce à elle les insectes qui vivaient il y a environ 100 millions d'années.

Des forêts fossiles vieilles de 90 millions d'années sont peu à peu dégagées par l'érosion dans le parc de Yellowstone, aux États-Unis. Leur séjour dans des eaux chaudes saturées en silice (matière minérale) a transformé les cellules du bois en pierre.*

La forêt protectrice

Les forêts purifient l'air que l'on respire. Outre ce rôle de "filtre", les arbres stabilisent les sols et limitent l'impact de certaines catastrophes naturelles.

La préservation des sols

La forêt protège les sols de l'érosion*. Dans les régions où il pleut le moins, elle seule peut empêcher l'avancée des déserts. Les arbres absorbent la pluie et la stockent dans le sol au niveau de leurs racines en hiver, puis ils la libèrent lentement en été. Ainsi ombragée et rafraîchie par la vapeur d'eau émise par les feuillages, la terre ne s'assèche pas *(voir DVD, chap. 2)*. Quand les arbres sont coupés, les parties les plus riches du terrain, qui ne sont plus retenues par les racines, sont emportées sous l'action de la pluie et du vent. Ce phénomène est particulièrement important dans les zones de montagnes, à cause des fortes pentes, et dans les zones tropicales, où le sol riche est peu épais. Une fois que le sol est lessivé (privé de son humus*), il est très difficile pour une nouvelle génération de plantes de s'y installer car elles peinent à y trouver de la nourriture.

Une barrière naturelle

Lorsqu'il pleut beaucoup dans une région dépourvue de barrière végétale, on peut assister à des inondations. Emportant tout sur leur passage, ces eaux furieuses causent des dommages considérables. Ces catastrophes naturelles ne prennent pas la même ampleur dans les régions boisées, qui agissent à la fois comme des barrières protectrices et des éponges, puisque l'humus d'un sol riche absorbe énormément d'eau. Enfin, les forêts constituent autant d'obstacles aux vents violents. Plus elles sont nombreuses, plus elles affaiblissent leur puissance sur les champs, les habitations, etc.

Les parcs nationaux ont pour but de protéger toutes les espèces végétales et animales qui y vivent. Ci-contre les séquoias du parc national de Yosemite, aux États-Unis.

L'île de Cebu, située dans l'archipel des Philippines, était autrefois couverte d'une dense forêt ombrophile. Parce qu'elle a été déboisée, l'île est devenue désertique, si bien que même les cours d'eau ont disparu. Depuis, la capitale et ses 2 millions d'habitants manquent régulièrement d'eau.

Dans les régions industrialisées, le bois n'est plus utilisé pour le chauffage. Les énergies fossiles (pétrole, gaz) l'ont remplacé. Dans les pays pauvres ou en voie de développement, en revanche, il est encore largement employé soit tel quel, soit sous forme de charbon de bois, pour cuire les aliments ou se chauffer.*

Le dioxyde de carbone (CO_2) est l'un des principaux gaz à effet de serre. Comme une vitre, il laisse passer les rayons du soleil mais retient les rayons chauds renvoyés par la Terre. Or les forêts absorbent énormément de CO_2 ; les préserver et en planter de nouvelles est donc un bon moyen de lutter contre le réchauffement de la planète.

Par le passé, de très nombreuses forêts européennes étaient exclusivement réservées aux chasses royales. Comme ces domaines étaient immenses en regard du tout petit nombre de souverains, la vie sauvage y a longtemps été mieux préservée que dans les bois où la population pouvait braconner.

Le cocotier aux mille usages

Planté par la main de l'homme ou arrivé naturellement par voie de mer, le cocotier s'est si bien acclimaté sur toutes les îles tropicales qu'on ne sait plus quelle est sa contrée d'origine. Les Philippines, l'Indonésie et l'Inde sont les principaux producteurs de noix de coco et de leurs produits dérivés.

Des matériaux fort utiles

Tout est bon sur cet arbre providentiel. Le bois est utilisé pour la construction des maisons et des meubles. Les jeunes feuilles servent à fabriquer des pochettes dans lesquelles on fait cuire le riz à la vapeur en Indonésie. La hampe florale* centrale peut servir de balai ou encore, lorsqu'elle est vieille, de pic à brochettes. Dès qu'elles atteignent une longueur de 4 à 6 m, les palmes (ou feuilles) peuvent couvrir les toits des cases. La coque de bois dur de la noix permet de fabriquer divers instruments de cuisine (bols, louches, fourchettes, etc.) et constitue un excellent charbon de bois. La fibre qui entoure la noix, très dense, est utilisée comme brosse. Comme elle pourrit très lentement, elle peut aussi être disposée à la base des plantes pour leur éviter une évaporation trop importante. Enfin, le voile qui entoure la base des feuilles, à l'aspect grossier d'une toile de jute, est utilisé pour faire des chapeaux ou des passoires.

Noix en train de mûrir sur un cocotier du Sri Lanka.

Lorsqu'il pousse dans de bonnes conditions, le cocotier peut atteindre 30 m de hauteur et vivre jusqu'à 100 ans. Il produit des noix entre 4 et 60 ans environ. Après fécondation de la fleur, la noix met un an à se former sur l'arbre.

En Malaisie, les hommes dressent des singes pour décrocher les noix de coco à leur place. De jeunes macaques mâles sont capturés à l'âge de 6 mois pour être dressés pendant 3 mois. Ils sont ensuite attachés à une longue laisse et font tomber les noix à la commande.

Une nourriture appréciée

La noix de coco peut être consommée à trois stades différents. À peine mûre, elle contient tant de jus qu'il suffit de percer un trou sur le haut de sa coque pour profiter de cette boisson rafraîchissante. Une fois vidée, on peut ouvrir son écorce en donnant un coup de machette et déguster sa pulpe à l'aide d'un éclat utilisé comme cuillère. À ce stade, la chair est particulièrement onctueuse. Lorsque la noix mûrit, elle contient moins d'eau et sa pulpe devient plus dure et sèche. Râpée, mélangée à de l'eau puis pressée, elle donne le lait de coco, largement employé dans la cuisine asiatique pour cuire les aliments. Enfin, lorsque la noix est encore plus mûre et qu'elle commence à germer*, elle ne contient plus d'eau à l'intérieur mais le germe, à la pulpe spongieuse et très sucrée, est encore consommable.

Le lait de coco est ici filtré avant d'être utilisé pour la cuisson des aliments.

Nettoyage du coprah après séchage au four dans l'archipel des Seychelles.

Des produits élaborés

La noix de coco, coupée en deux et séchée au four ou au soleil, voit sa pulpe perdre 60 % de son eau : on obtient ainsi le coprah, dont on tire de l'huile par pression. À cause de sa forte odeur, celle-ci n'est pas employée pour cuisiner mais sert plutôt pour les lampes à huile. Base d'une industrie importante, cette huile est utilisée en cosmétique pour faire des savons ou des huiles de protection solaire. Après raffinage, elle entre dans la composition de margarines et sert en pâtisserie à napper les gâteaux, car elle se solidifie dès 18 à 25 °C.

La matière fibreuse qui enveloppe les noix de coco est mise à pourrir dans les marécages pour la débarrasser de certaines substances. Ces fibres sont ensuite récupérées, nettoyées et filées pour fabriquer des cordages particulièrement résistants à l'eau de mer.

La jeune hampe florale, elle, est incisée pour sa sève qui, une fois fermentée, donne du vin de palme, ou de l'alcool après distillation. Cette incision doit toutefois être pratiquée avec modération pour ne pas trop fatiguer l'arbre.

Enfin, une décoction de racine permet de soigner certaines maladies passagères (diarrhées, notamment).

Enveloppes fibreuses de noix de coco mises à tremper dans des marécages du Sri Lanka.

Étrange habitant des îles indo-pacifiques, le crabe voleur (Birgus latro) grimpe facilement sur les troncs de cocotiers. Comme il a du mal à casser la coque des noix adultes, il se contente de manger les vieilles noix ou de décrocher les plus jeunes.

Une noix de coco pèse de 1 à 2 kg. Selon la légende polynésienne, on peut faire la sieste sans danger sous les cocotiers car les noix, qui possèdent trois yeux, voient le dormeur. Mais si l'une d'entre elles a une mauvaise vue, sa chute est fatale !

La production de bois

Longtemps, le bois a constitué le principal matériau de construction. Les hommes se sont tout d'abord servis çà et là avant d'organiser les forêts comme de véritables espaces de production.

De la forêt naturelle aux plantations

En France, la demande en bois d'œuvre devint si importante à l'époque de Louis XIV, en particulier pour la construction de bateaux, que son ministre Colbert commença à en organiser la production. En 1669, il transforma la forêt de Bercé, dans la Sarthe, en une réserve à l'usage de la marine. La qualité du bois de ses chênes jouissait alors d'une réputation mondiale. La forêt de Tronçais, dans le centre de la France, abrite encore de remarquables chênes plantés à cette époque. En Europe, de nombreuses plantations de résineux ont vu le jour après la Seconde Guerre mondiale, si bien que les années 2010-2020 risquent de connaître une surproduction de bois de trituration, utilisé dans la fabrication de panneaux et de pâte à papier.

Une futaie de chênes dans la forêt de Bercé (Sarthe).

LE RÔLE DU FORESTIER

Si en quelques siècles la forêt tempérée a été organisée afin de permettre une production accrue de bois, les intérêts écologiques sont actuellement davantage pris en compte : protection des sols, maintien de la biodiversité végétale et animale, augmentation des espaces verts. Le rôle du forestier consiste à gérer la forêt en tenant compte de ces contraintes, auxquelles s'ajoute la surveillance du gibier.

Après les déforestations massives opérées dans les années 1950 à l'époque de Mao, la Chine voit aujourd'hui se multiplier de jeunes plantations de séquoias (voir DVD, chap. 7).

Comment planter des arbres

Pour créer une plantation, il faut en définir au préalable les essences* et choisir l'une des deux principales méthodes. La première consiste à abattre tous les arbres à l'exception des "porte-graines", de vieux arbres de l'essence choisie qui produiront naturellement leurs graines. Ils seront supprimés une dizaine d'années plus tard, quand leur progéniture aura grandi. La deuxième méthode consiste à planter en ligne soit des arbres de 3 à 5 ans démarrés en pépinière, soit des plantules plus jeunes *(voir DVD, chap. 7)*, ou encore à semer des graines. Au préalable, on doit effectuer une "coupe à blanc" sur toute la surface concernée, c'est-à-dire abattre tous les arbres et arbustes.

Les nouvelles plantations doivent être protégées des animaux, en particulier des lapins et des cervidés. Le plus souvent, en Europe, la parcelle de régénération est entourée d'un grillage, ou bien chaque jeune tronc est cerclé d'un cylindre de plastique dur.

Les arbres à bois dur (chêne, hêtre, charme...) poussent lentement, tandis que ceux à bois tendre (bouleau, aulne, peuplier ou certains pins) sont plus rapides. Ainsi, le sapin Douglas peut être récolté à partir de 40 ans alors qu'il faut attendre 120 à 150 ans pour un hêtre.

Autrefois, l'étayage des galeries dans les mines était réalisé avec du bois de pin sylvestre. En craquant fortement quand les galeries risquaient de s'écrouler, il alertait les mineurs qui se mettaient alors à l'abri. Ce n'est plus le cas depuis qu'on utilise des poutrelles métalliques.

Issus de la même souche de châtaignier, les onze brins de cette cépée se sont développés d'une manière égale et neuf d'entre eux forment un cercle presque parfait. Les forestiers de la forêt de Montmorency les ont surnommés "les 11 apôtres".

De la graine au fût

En fonction du diamètre des arbres, qui augmente avec le temps, la zone de plantation prend successivement les noms de gaulis, perchis, jeune futaie et futaie mûre. Au début, le forestier laisse les arbres assez serrés pour les contraindre à pousser davantage en hauteur et moins en largeur. Puis, des coupes d'amélioration permettent d'aérer l'ensemble pour éliminer les arbres les plus faibles et supprimer les branches latérales, responsables de l'apparition de nœuds dans le bois. À la fin, seuls les plus beaux arbres sont conservés. Ils s'étofferont en largeur et seront abattus une fois leur taille optimale atteinte – soit vers 180 ans pour les chênes. Lorsqu'un arbre est coupé, de jeunes tiges ou rejets sortent parfois tout autour de sa souche pour former une cépée.

La coupe du bois

Avant l'intervention des bûcherons, les arbres destinés à la coupe sont marqués à l'aide d'un marteau de forestier. Cet outil présente d'un côté une partie tranchante, et de l'autre, un poinçon de l'administration forestière (AF), qui signe les arbres. Cela permet de vérifier que les ouvriers abattent bien les arbres désignés.

La tronçonneuse a remplacé depuis longtemps la scie et la hache des premiers bûcherons. Dans beaucoup de forêts tropicales, c'est au bulldozer que se pratique l'abattage. Cette technique est fortement critiquée car, pour un seul arbre atteint, des dizaines d'autres subissent des dégâts irréparables. Pour sortir les troncs dans les endroits très sensibles, comme dans certaines forêts de la région parisienne (Montmorency, château de Versailles), on pratique parfois le débardage (c'est-à-dire la décharge du bois) à cheval. Cette solution permet de ne pas dégrader le milieu.

Avant d'être marqué par un poinçon, le diamètre du tronc est mesuré. Toutes ces données sont consignées par le forestier.

Ensuite, le forestier entaille l'écorce de l'arbre jusqu'au bois et frappe au milieu avec le poinçon. L'arbre sera coupé à environ 15 cm du sol.

La consommation moyenne de papier par habitant et par an pour un pays donné est un bon indicateur du niveau de vie des États. Elle est de 320 kg par habitant aux États-Unis, 245 kg au Japon, 171 kg en Europe, et 5 kg en Afrique ; le tout formant une moyenne mondiale de 55 kg.

Les forêts qui produisent le plus d'oxygène sont les forêts où le bois est régulièrement coupé, car la taille stimule la croissance des végétaux. Or, les arbres rejettent d'autant plus d'oxygène dans l'air qu'ils produisent de la matière pour grandir.

Menaces et protection

Depuis que l'homme s'est sédentarisé, qu'il a commencé à cultiver des plantes, à élever des animaux puis à développer une industrie, les populations du globe n'ont cessé d'augmenter. Leur influence sur tous les milieux naturels de la planète se fait parfois cruellement sentir.

Le problème des forêts sèches

En plus du manque d'eau, les forêts sèches souffrent de l'exploitation du bois à brûler, du surpâturage (photo ci-dessous) et des feux pratiqués par les populations locales. En effet, ces feux volontaires favorisent la repousse d'une herbe fraîche pour le bétail. Mais dans une forêt déjà clairsemée, ces activités accentuent la désertification. Quant aux incendies d'origine accidentelle ou criminelle, ils ravagent chaque été des surfaces bien plus considérables encore. Il est donc indispensable d'apprendre aux populations locales à mieux gérer leur patrimoine naturel.

Des nuisances nombreuses et variées

En voulant tout organiser, l'homme plante souvent les arbres en ligne. Or cette disposition les rend moins résistants aux tempêtes, durant lesquelles ils risquent de s'effondrer comme des châteaux de cartes. La trop grande fréquentation des forêts proches des villes entraîne un tassement du sol nuisible aux racines et dérange la faune. Moins visibles mais très nocives, les fumées émises par les usines chimiques contenant du fluor, du soufre et d'autres polluants abîment les feuilles au point de parfois les brûler. Les pluies acides, autre conséquence de la pollution de l'air, affaiblissent les arbres et les rendent plus sensibles aux maladies.

En Espagne, dans la Sierra Nevada, les chèvres, très nombreuses sur certains pâturages, sont largement responsables de la désertification des zones autrefois boisées.

Située dans le canal de Panama, l'île de Barro Colorado est devenue en 1923 la première réserve de forêt pluviale du Nouveau Monde. Des chercheurs y étudient les graines contenues dans des couches du sous-sol pour régénérer la forêt d'origine.

La déforestation ne date pas d'hier ! Dès le IVe siècle av. J.-C., des forêts entières furent abattues par les Grecs, notamment sur les collines entourant Athènes, pour fournir des véhicules aux armées et des bateaux aux marins. Au Ier siècle av. J.-C., l'empire romain déboisa largement l'Afrique du Nord pour y cultiver du blé.

En Finlande, les troncs sont mis à flotter pour éviter qu'ils ne se dessèchent trop vite, et surtout pour en faciliter le transport dans les régions où l'infrastructure routière est insuffisante.

Une exploitation rentable

Si le bénéfice que la forêt procure aux promeneurs est inestimable à long terme, il est en revanche très facile de chiffrer les revenus que génèrent la coupe et la vente du bois. Pour disposer de rentrées d'argent immédiates, certains propriétaires n'hésitent pas à faire couper leur forêt plutôt que de la gérer durablement. Les vastes forêts nordiques sont les plus exploitées en quantité.

La question des forêts tropicales

Devant l'abondance de la végétation tropicale, les hommes ont tendance à couper les arbres sans se soucier de leur renouvellement *(voir DVD, chap. 2 et 7)*. Les pays occidentaux sont en partie responsables des désastres forestiers, car ils achètent beaucoup de bois. Or, si la forêt ombrophile disparaît, de nombreuses espèces animales (panda, gorille, rhinocéros de Sumatra, orang-outang...) risquent de s'éteindre à tout jamais, sans compter les milliers de plantes et d'insectes dont la vie est liée aux arbres. Certaines forêts menacées et contenant des espèces endémiques* sont pour cette raison classées au patrimoine mondial par l'Unesco, afin de les protéger de toute dégradation. Mais certaines entreprises qui exploitent le bois ne respectent pas ces règles *(voir p. 72-73)*.

La gestion durable

Bien des forêts, comme celles de séquoias américains ou chinois *(voir DVD, chap. 6 et 7)*, ont subi des déboisements excessifs. L'homme ne peut se passer de bois et on ne peut interdire aux pays d'exploiter leurs forêts pour en tirer des revenus. Le défi est plutôt de leur apprendre à le faire en tenant compte des conditions de repousse des arbres et en respectant ceux qui y vivent. Ce mode de gestion plus raisonnable leur permettrait d'exploiter les forêts à long terme, sans compromettre les profits que les générations suivantes pourraient en tirer.

Dans la Chine du temps de Mao, des forêts entières ont été abattues pour fournir le bois nécessaire à la production d'acier.

Les abattages massifs de séquoias américains au début du XXe siècle ont laissé des cicatrices.

Sur l'île de Bornéo, en Indonésie, certains organisateurs de voyages tentent de sensibiliser les touristes aux problèmes de la déforestation. L'une de ces démarches consiste à leur faire planter un arbre et à leur remettre un certificat en souvenir de leur bonne action pour l'environnement.

Pour obtenir le bois nécessaire à la fabrication de ses crayons, la marque Faber-Castell a lancé un plan de reforestation au Brésil. Sept cents personnes sont employées chaque année pour planter et entretenir 2,5 millions de pins caribaea, originaires d'Amérique du Nord et appelés communément pitchpins.

Les hommes des forêts

Certaines forêts abritent encore des hommes dont le mode de vie est resté identique depuis des siècles. Leur survie est menacée par la disparition de cette nature dont ils connaissent les moindres secrets, et qui constitue leur unique moyen de subsistance.

Pygmée en train de chasser à l'arbalète dans une forêt au Cameroun.

Les Pygmées d'Afrique

La forêt équatoriale africaine (Gabon, Cameroun, République centrafricaine notamment), compterait près de 120 000 Pygmées. Pour eux, la forêt est un dieu bienfaisant qui leur fournit tout ce dont ils ont besoin. Ces hommes de petite taille (à peine 1,50 m en moyenne) vivent de cueillette et consomment toutes sortes d'animaux, des larves d'insectes aux grands mammifères. Avec les villages d'agriculteurs, ils échangent les produits de leurs chasses contre des légumes ou des produits manufacturés. Malheureusement, les exploitations forestières, pétrolières ou minières détruisent leur territoire. Ils sont par conséquent de plus en plus nombreux à travailler comme ouvriers agricoles ou à mendier.

Une diversité linguistique étonnante

La Nouvelle-Guinée, grande île située au nord de l'Australie, abrite de nombreuses tribus papoues. Beaucoup ne se connaissent pas et ne parlent pas le même langage. En effet, alors que les 250 ethnies papoues représentent à peine 0,1 % de la population mondiale, leurs centaines de dialectes représentent 15 % de toutes les langues connues !

Les plus primitifs d'entre eux se servent encore d'arcs et de flèches pour chasser, et de haches de pierre taillée pour couper les arbres et labourer la terre, où ils plantent différents légumes comme l'igname et le taro. Depuis 1963, la partie ouest de l'île est sous la domination de l'Indonésie. Celle-ci autorise les entreprises multinationales à exploiter les forêts et les mines pour leur propre compte, au détriment des tribus papoues, qui tentent vainement de protester.

Papous en train de se parer de tiares pour célébrer un rituel.

Dans les forêts denses de l'est de la Sibérie, les Udeges vivent principalement de chasse, de pêche, de cueillette, et font pousser quelques légumes. Leur territoire est actuellement fortement convoité par des compagnies industrielles russes et coréennes, qui souhaitent y développer des activités forestières et minières.

Les Ogiek d'Afrique de l'Est habitent la forêt des monts Mau (Kenya). La chasse aux animaux sauvages étant devenue illégale, ils se sont mis à élever du bétail et à cultiver des légumes. Leur activité traditionnelle est la récolte du miel, dont ils font une sorte de bière et qui leur sert de monnaie d'échange.

Ces Penans de Bornéo vivent dans une cabane construite à l'abri d'une paroi rocheuse.

Un territoire qui se restreint

Dans les forêts d'Amérique du Sud vivent de multiples tribus indigènes, dont la plupart sont menacées. Les Indiens Awa de l'Est amazonien, par exemple, ont abandonné depuis longtemps leur mode de vie sédentaire car ils sont régulièrement persécutés. Actuellement ne subsistent plus que de petits groupes nomades de vingt à trente individus, qui vivent de chasse et de cueillette. Le gouvernement brésilien tente de les regrouper dans des villages, au risque de leur faire perdre toute identité.

Le même phénomène se produit en Asie du Sud-Est, à Bornéo. Dans la forêt pluviale de cette île grande comme une fois et demie la France, les Penans, des nomades vivant de chasse et de pêche, ne seraient plus que quelques centaines encore au fin fond de la forêt. L'exploitation forestière, la construction de barrages et la plantation de palmiers à huile privent totalement de moyens de subsistance les tribus locales.

L'impuissance des organisations internationales

Parce qu'il abritait de nombreuses espèces endémiques*, l'archipel de Mentawaï, à l'ouest de Sumatra (Indonésie), a été inscrit au patrimoine mondial par l'Unesco pour le préserver de l'exploitation forestière. En vain, car depuis 1998, des sociétés indonésiennes défrichent sans scrupules et sans autorisation ses forêts, où vivent les Mentawaï. Au nombre de 30 000, ils ne seraient plus que quelques communautés à subsister de la chasse, de la pêche et de la culture du taro au cœur de la forêt.

L'exploitation des forêts au mépris de leur régénération et de leurs habitants met actuellement en péril les derniers représentants de modes de vie ancestraux, respectueux de la nature.

Les Mentawaï ont coutume de parer leur tête de fleurs et se sont vus pour cette raison surnommer les "hommes-fleurs".

Il y a trois siècles environ, pour empêcher les hommes du Maharaja du Rajasthan (dans l'ouest de l'Inde) de couper de nombreux arbres, les Bichnois enlacèrent leurs troncs. Les 363 personnes de cette communauté religieuse, qui préconise le respect du vivant (animaux et arbres), périrent dans cette révolte.

Le palmier sagoutier est une mine pour de nombreuses tribus de Nouvelle-Guinée et d'Indonésie, comme les Mentawaï et les Asmat. En râpant son tronc, ils obtiennent une espèce de fécule qui constitue leur principale nourriture. L'arbre leur permet aussi de construire leurs habitations et de fabriquer des pirogues et des armes.

Des arbres et des mythes

Tantôt divine, épaisse et vive, tantôt féroce, âpre et hostile, la forêt a de tout temps occupé une place de choix dans les grands mythes de l'humanité. Avec leurs branches dressées vers le ciel et leurs racines ancrées dans le sol, les arbres symbolisent pour beaucoup de peuples la relation entre la terre et le ciel.

Des arbres vénérés

Un peu partout dans le monde, on a coutume de planter un arbre pour fêter une naissance, un anniversaire ou un événement important. En France, on ne compte plus les "arbres de la Liberté" plantés sous la Révolution. Dans les anciennes civilisations, les archéologues et les ethnologues ont mis en lumière l'existence de l'arbre "cosmique", symbole du monde et de sa création. On le retrouve de l'Égypte à l'Inde, en passant par la Chine, l'Afrique ou l'Amérique. Le grand frêne des Scandinaves, Yggdrasil, fait ainsi le lien entre le monde d'en bas et les cieux. Certains arbres incarnent des dieux : les chênes grecs étaient consacrés à Zeus, les oliviers à Athéna, les lauriers à Apollon. D'autres sont devenus sacrés suite à un événement précis : c'est à l'ombre de l'arbre de la Bodhi (ou figuier des pagodes), que Bouddha reçut l'Éveil. Depuis, de nombreux figuiers des pagodes ont été plantés près des temples en Asie. En Afrique, le baobab est le siège de rassemblement des esprits. En Afrique du Sud, par exemple, on a coutume de dire que ses grandes fleurs blanches contiennent des esprits et que quiconque les cueillera sera mangé par un lion.

Des forêts mythiques

Au début de notre ère, les druides régnaient dans les ténébreuses forêts celtiques. Parmi elles, on compte la fameuse forêt de Brocéliande en Bretagne *(voir photo)*, rendue célèbre par le roi Arthur, Merlin l'enchanteur et les chevaliers de la Table Ronde. Dans des bois sacrés de Germanie, les Barbares se livraient à des rites païens. Pour eux, les clairières étaient les endroits les plus propices à la manifestation de la présence divine. Là, d'anciens démons, des fées et des esprits de la nature hantaient toujours les bois. C'est ainsi que l'Église considéra les forêts comme les derniers refuges des cultes païens, et donc comme une menace pour l'unité et la suprématie de la foi chrétienne. Pour cette raison, certains souverains, dont le célèbre Charlemagne, tentèrent de faire abattre les arbres faisant l'objet de cultes. Ces exemples nous rappellent que détruire des forêts ne signifie pas seulement réduire en cendres des siècles de croissance naturelle. C'est aussi tout le support d'une mémoire qui disparaît.

Arbre sacré chez les Grecs, les Romains et les Celtes, le chêne est resté un symbole de puissance. Le roi Saint Louis rendait la justice sous un chêne. La bûche de Noël, allumée pour que le soleil revienne réchauffer la terre, provient d'un chêne.

De nombreux contes populaires ont pour cadre une forêt inquiétante, lieu de sortilèges. Cette vision prédomine dans les contes de Perrault (Le Petit Poucet, La Belle au bois dormant)*, ceux des frères Grimm* (Ansel et Gretel) *ou encore dans des romans tels que* Le Livre de la jungle *de* Kipling *ou* Le Roi des Aulnes *de* Goethe.

Les Celtes associaient le sureau au culte des morts. Ils taillaient des flûtes dans son bois pour communiquer avec les défunts et ses nombreuses petites fleurs blanches symbolisaient la réincarnation de ces derniers. Il était parfaitement défendu d'abattre cet arbre qui faisait le lien entre la mort et la vie.

« La forêt, [...] son mystère, sa fraîcheur et sa grâce, son silence et ses voix [...], a toujours hanté l'imagination des hommes, et les hommes, à leur tour, l'ont peuplée de leurs rêves, de leurs terreurs ou de leur nostalgie. » Maurice Genevoix, Forêt voisine, *1933, tome I, Éditions Flammarion.*

Lexique

Amphibien
Animal vertébré dont la larve munie de branchies vit dans l'eau avant de se métamorphoser en animal terrestre porteur de poumons. Les amphibiens, aussi appelés batraciens, regroupent les grenouilles, les crapauds, les tritons et les salamandres.

Arboricole
Qui vit dans les arbres.

Broméliacées
Famille de plantes, à laquelle appartient l'ananas, dont les feuilles sont souvent réunies à leur base pour former un réservoir dans lequel l'eau peut s'accumuler.

Coléoptères
Ordre (ou catégorie) d'insectes dont les ailes supérieures, appelées élytres, sont rigides et forment une sorte de carapace lorsqu'elles sont repliées. Elles protègent les ailes postérieures motrices. On compte environ 350 000 espèces de coléoptères, parmi lesquelles on distingue les hannetons, les coccinelles et les capricornes.

Corvidés
Famille d'oiseaux qui comprend les corbeaux, les corneilles et les geais, et qui appartient à l'ordre des passereaux.

Écosystème
Ensemble constitué par un milieu (biotope) et tous les êtres vivants qui l'habitent (biocénose).

Endémique
Se dit d'une espèce animale ou végétale qui ne vit que sur un territoire bien délimité.

Envaser (s')
Un milieu aquatique s'envase lorsque les fines particules qui forment la vase se déposent et s'accumulent au fond de l'eau, le plus souvent dans les endroits où le courant est inexistant ou faible.

Érosion
Usure et dégradation des roches et des sols provoquées par les éléments naturels (pluie, vent, glace), voire par des animaux (passages répétés, piétinements).

Essence
Terme synonyme d'"espèce" employé pour les arbres forestiers.

Féconder
Unir une cellule mâle et une cellule femelle pour donner un œuf.

Fossile
Reste ou empreinte d'homme, d'animal ou de plante, conservé (fossilisé) depuis très longtemps dans le sol ou la roche.

Germe
Partie de la graine qui se développe quand les conditions (chaleur, humidité) sont favorables, pour donner naissance à une jeune pousse.

Hampe florale
Tige sur laquelle sont regroupées les fleurs de certains arbres (palmiers) ou de certaines plantes (orchidées).

Houppier
Ensemble des ramifications portées par l'arbre dans sa partie supérieure, au-dessus de son tronc principal.

Humus
Matière noirâtre du sol issue de la décomposition et de la transformation chimique et biologique (bactéries, microbes) des débris végétaux et animaux. L'humus étant riche en sels minéraux, les racines des végétaux y puisent leur nourriture.

Hyménoptères
Ordre (ou catégorie) d'insectes qui, comme les abeilles, les guêpes et les fourmis, portent quatre ailes membraneuses, des mandibules* faites pour broyer et d'autres pièces buccales servant à lécher et aspirer les liquides.

Imputrescible
Qui ne pourrit pas.

Inflorescence
Façon dont les fleurs se disposent sur la tige d'une plante.

Mandibules
De nombreux insectes (coléoptères*, chenilles, mantes religieuses...) sont dotés de deux mandibules qui forment une sorte de mâchoire leur permettant de saisir et de broyer leur nourriture animale ou végétale. Seuls les lucanes les utilisent comme ornement et pour se battre entre mâles.

Marsupial
Mammifère primitif (comme le kangourou par exemple) dont le petit achève son développement au sein d'une poche protectrice qui abrite les mamelles. Les marsupiaux sont surtout répandus en Australie, en Nouvelle-Guinée et en Amérique tropicale.

Métabolisme
Ensemble des processus complexes et incessants par lesquels les êtres vivants assimilent et transforment les substances qu'ils absorbent.

Mue
Renouvellement partiel ou total de la peau, de la carapace, des poils ou des plumes d'un animal sous l'influence de la croissance, de l'âge et des conditions du milieu.

Mycélium
Filaments souvent blanchâtres qui forment la partie souterraine et essentielle du champignon. La partie du végétal qui sort de terre n'est en fait que le fruit porteur de spores (sortes de graines primitives).

Nymphe
Chez les insectes, la larve se transforme en nymphe, généralement immobile, d'où émergera plus tard l'insecte adulte, porteur d'ailes et capable de se reproduire.

Protées
Famille de plantes primitives aux formes multiples, qui poussent en Australie et en Afrique du Sud.

Rhizome
Tige souterraine et charnue de certaines plantes, qui contient des réserves nutritives et émet chaque année des racines et des tiges aériennes.

Rostre
Bouche pointue et rigide de certains insectes (cigales, punaises, pucerons...) qui leur permet de piquer et de sucer la sève des plantes ou le sang des animaux.

Taïga
Forêt boréale principalement composée de conifères (épicéas, sapins, mélèzes) et de bouleaux. La taïga forme une ceinture presque continue sur tout le nord de l'Eurasie et de l'Amérique.

Tanin
Substance fabriquée par certains arbres pour résister aux attaques d'insectes et de champignons. Le chêne et le châtaigner en produisent beaucoup. Le tanin est utilisé pour rendre les peaux imputrescibles* afin de les transformer en cuir.

Tubercule
Partie renflée et riche en réserves nutritives de la tige souterraine d'une plante. Gonflés de nourriture, les tubercules (comme la pomme de terre, la carotte et la betterave) sont consommés tant par les hommes que par les animaux.

Index

Références iconographiques

1re de couverture hg : Klein/Hubert/BIOS ; hd : G. Blondeau ; b : Ch. Jégou – 4e de couverture hd : G. Blondeau ; b : 1999 Earthviews – page de titre h : Ch. Drochon ; b : M. Nicoll/BIOS – 3 bd : G. Blondeau – 4 hg et md : Ch. Drochon ; bg : G. Blondeau ; 5 hd : M. Hazan ; mg : Animals Animals/SUNSET ; bd : M. Harvey/BIOS – 6-7 : P. Henry/BIOS ; 6 bg : Ch. Drochon – 8 hg : G. Blondeau ; md : 1999 Earthviews ; b : G. Blondeau – 9 hd et bg : G. Blondeau ; bm : Ch. Drochon – 10-11 : Ch. Drochon – 12 hg et md : Ch. Drochon ; bg : G. Blondeau – 13 h : G. Blondeau ; b : FLPA/SUNSET – 14 : G. Blondeau – 15 hd : G. Blondeau ; mg : 1999 Earthviews ; bd : G. Blondeau – 16-17 : G. Blondeau – 18 h : G. Blondeau ; b : 1999 Earthviews – 19 hg et bd : G. Blondeau ; mg: Horizon Vision/SUNSET – 20 h : Ch. Drochon ; bg et bd : G. Blondeau – 21 hg : J. Netherton/SUNSET ; md : G. Martin ; bg : Ch. Fouqueray/CLIMAX – 22 hd : G. Lacz/SUNSET ; mg : 1999 Earthviews ; bd : G. Blondeau – 23 md et bd : G. Blondeau ; mg : 1999 Earthviews – 24-25 : G. Blondeau – 26-27 : Ch. Drochon – 28 g : M. Philipps/SUNSET ; bd : G. Blondeau – 29 h : Ch. Drochon ; bd : G. Blondeau – 30-31 : Ch. Drochon – 32 g, m et bd : G. Blondeau ; hd : 1999 Earthviews – 33 : G. Blondeau – 34-35 : G. Blondeau – 36 h : M. Nicoll/BIOS ; b : N. Therond/BIOS – 37 : G. Blondeau – 38 h : G. Blondeau ; b : Hellio & Van Ingen/PHONE – 39 : G. Blondeau – 40-41 : Ch. Jégou – 41 hd : P. Charrier – 42 hg : Holt Studio/SUNSET ; md et bg : G. Blondeau – 43 : G. Blondeau – 44 g : Ch. Drochon ; m : P. Charrier ; bd : M. Harvey/BIOS – 45 : G. Blondeau – 46-47 : Labat & Jardel/PHONE – 47 hd : P. Charrier – 48 hg : V. et F. Sarano ; md et bg : G. Blondeau – 49 hg : Ch. Courteau ; hd et bd : G. Blondeau – 50-51 : M. Hazan ; 51 hd : P. Charrier – 52 hd et mg : M. Hazan ; bd : G. Lacz/SUNSET – 53 hd : Horizon Vision/SUNSET ; mg : G. Blondeau ; bg : M. Hazan ; bd : Klein/Hubert/BIOS – 54 h : M. Hazan ; b : M. Gunther/BIOS – 55 hd et bd : G. Blondeau ; mg : 1999 Earthviews – 56 : G. Blondeau – 57 h : Ch. Drochon ; b : Animals Animals/SUNSET – 58-59 : Hautala Hannu/PHONE ; 58 hg : P. Charrier – 60 hg : Brake/SUNSET ; m : Animals Animals/SUNSET ; bg : FLPA/SUNSET ; bd : 1999 Earthviews – 61 hg et hd: G. Lacz/SUNSET ; b : Ph. Henry/BIOS – 62-63 : Ch. Jégou – 64-65 : T. Leeson/SUNSET – 66 h : P. Kobeh/BIOS ; b : G. Blondeau – 67 : G. Blondeau – 68 h : G. Blondeau ; b : 1999 Earthviews – 69 : G. Blondeau – 70 b : G. Blondeau – 71 hg : S.T.F./SUNSET ; d : 1999 Earthviews – 72 h : M. Harvey/BIOS ; b : V. Audet/SUNSET – 73 : O. Lelièvre – 74-75 : J.-L. Le Moigne/BIOS.

Les pictogrammes illustrant la frise ont été dessinés par Nicolas Julo.